schöner kochen

DIE KUNST DES PERFEKTEN GRATINIERENS

schöner kochen

DIE KUNST DES PERFEKTEN GRATINIERENS

ACHIM SCHWEKENDIEK
FOTOGRAFIE: HUBERTUS SCHÜLER

182256

BECKER
JOEST
VOLK
VERLAG

Inhalt

Vorwort 7

Koch und Fotograf: eine Symbiose 8

Vorspeisen 12

Suppen 36

Fisch und Meeresfrüchte 60

Fleisch 82

Vegetarische Gerichte 108

Desserts 130

Grundrezepte und Basiswissen 152

Anhang 182

Vorwort

Gratinieren, überkrusten, au gratin, au four oder einfach aus dem Ofen – in diesem Buch widmen wir uns dem Überbacken. Das ist keine spezielle Gartechnik, da schon fast alle Zutaten vorgegart sind. Sie bekommen vor dem Gratinieren nur noch einen delikaten Mantel aus Käse, Eiweiß, Brot oder Zucker, der sie beim Überbacken vor der starken Hitze schützt. Dabei entsteht eine feste krustige Textur, die geschmacklich reizvoll ist und einen interessanten Kontrast zu den darunterliegenden Lebensmitteln bildet.

Durch das Überbacken kann man schnell und leicht verschiedene vorgegarte Zutaten zu einem schmackhaften Gericht vereinen. Gratinierte Gerichte lassen sich gut vorbereiten und können später relativ schnell im Ofen erhitzt werden, ohne dabei trocken zu werden. Auf den folgenden Seiten stellen wir Ihnen verschiedene Techniken und Zutaten vor, die sich gut zum Überbacken eignen – von einfachen Gerichten bis zu exklusiven Genüssen, von regionalen Spezialitäten bis zu internationalen Klassikern wie der gratinierten Zwiebelsuppe. Auch eigene kreative Kompositionen kommen nicht zu kurz.

Wir haben versucht, die ganze Bandbreite und die vielfältigen geschmacklichen Möglichkeiten dieser Küchentechnik leicht und verständlich zu erklären. Dabei ist jedes Rezept nicht nur eine Anleitung, die genau befolgt werden kann, sondern auch eine Idee für neue Rezepte, die sich daraus ableiten können. Sie lassen sich alle variieren. Es darf also gern mal ein anderer Fisch oder ein anderes Gemüse bei der Suppe sein. Nur Mut.

Viel Spaß dabei!

Koch und Fotograf: eine Symbiose

Wenn ein gefeierter Sternekoch in einem historischen Schlosshotel auf einen international ausgezeichneten Fotografen trifft, entsteht im besten Fall Magie. Wie auf Schloss Münchhausen, wo inmitten einer einzigartigen Parklandschaft hinter ehrwürdigen Mauern ein einzigartiges Kochbuch entstand. Inspiration, Leidenschaft und Kreativität sind die Zutaten für dieses außergewöhnliche Projekt, dessen Protagonisten sich kongenial ergänzt haben.

Achim Schwekendiek, Michelin-Stern-gekrönter Küchenchef des Schlosshotels, und Hubertus Schüler, international anerkannter Fotokünstler, sind beide Perfektionisten, die während ihrer Zusammenarbeit immer und immer wieder versucht haben, das Beste aus einem Gericht und seiner optischen Präsentation herauszuholen. Den adäquaten Rahmen für ihre Kunst bildete das Hochzeitszimmer des Schlosshotels, in dem das Shooting stattfand. Die Freude, die sie bei ihrem gemeinsamen Projekt hatten, sieht man jedem Foto an.

Der Koch

Für Achim Schwekendiek ist die Arbeit im Schlosshotel Münchhausen nach den Wanderjahren durch die Spitzengastronomie eine Heimkehr. Unweit des Schlosses erblickt er 1965 das Licht der Welt. Nach seiner Kochausbildung im Hotel Bergkurpark in Bad Pyrmont verschlägt es Schwekendiek zunächst ins Landhaus Ammann nach Hannover. Es folgen Stationen als Chef de Partie im Restaurant Felsenkeller in Lauenau und im Mainzer Hilton. Knapp zwei Jahre ist Schwekendiek Souschef in Averbecks Giebelhof in Senden, bevor er als Chef Gardemanger in Heinz Winklers Tantris nach München wechselt.

1990 lernt er in Paris die besondere Raffinesse der französischen Küche kennen. Die Arbeit im Hôtel de Crillon an der Place de la Concorde inspiriert Achim Schwekendiek und prägt seinen Kochstil. Zurück aus Paris, übernimmt er Anfang 1992 die Küchenleitung im Restaurant Alte Stadtmühle in Schopfheim und erkocht auf Anhieb 16 Punkte im Gault Millau, bevor er sich entschließt, in Heidelberg seinen Küchenmeister zu absolvieren. Mitte 1992 wird Schwekendiek Küchenchef im gerade eröffneten Hotel Hohenhaus in Herleshausen. Hier erkocht er sich seinen ersten Michelin-Stern, gewinnt die Kikkoman Masters und wird beim Bocuse d'Or zum besten Fischkoch Deutschlands gekürt.

Mit seinem innovativen, feinen Küchenstil setzt der talentierte Koch auch im Gourmetrestaurant des Schlosshotels Münchhausen Akzente. 2005 wird er dafür mit einem Michelin-Stern ausgezeichnet. Weitere Auszeichnungen wie 17 Gault-Millau-Punkte, 4 Sterne bei Varta, 4 Bestecke im Aral-Schlemmer-Atlas sowie 3,5 Punkte im Feinschmecker zieren seine Küche.

Der Fotograf

Hubertus Schüler wird 1963 in Münster geboren. Nach einer Ausbildung zum Fotografen in einer Werbeagentur und einer Assistenzzeit in Düsseldorf macht er sich 1995 selbstständig. „Ich bin Fotograf geworden, weil ich nicht malen kann. Als Fotograf kann ich mit Licht malen, inszenieren und das Wesentliche darstellen."

Gestalterisch ist er ein Anhänger von „weniger ist mehr". Die Reduktion auf das Wesentliche, eine klare Bildkomposition in Verbindung mit einem schönen Licht – diese Kriterien versucht er bei jeder Fotoproduktion umzusetzen. Die Spezialisierung auf die unterschiedlichen Bereiche Food und Fashion Stills ist für ihn kein Widerspruch. Vielmehr ist der Wechsel zwischen den beiden Leidenschaften für ihn belebend, bewahrt ihn vor drohender Routine. Die Augen bleiben wach für die kleinen Details, die den Unterschied machen.

Die Arbeiten von Hubertus Schüler sind mehrfach ausgezeichnet worden. Unter anderem erhielt er Medaillen des GAD Gastronomische Akademie Deutschland e.V. und den Cookbook Award „Gourmand" für die beste Kochbuch-Titelseite europaweit.

„Die perfekten Bedingungen in Achims Küche und der besondere Spirit des Schlosses haben uns positiv beeinflusst", so Hubertus Schüler, „am Ende habe ich mich richtig verliebt in dieses liebevoll restaurierte Schloss." Besonders dankbar ist der Fotograf dafür, den Koch kennengelernt zu haben: „Achim hat nicht nur ein großes Talent als Koch. Er hat auch bewiesen, dass er absolut professionell für Fotoshootings kochen und stylen kann. Und ein feiner Mensch ist er ohnehin."

Vorspeisen

Kulinarischer Auftakt

Hors d'œuvres (wörtlich: außerhalb des Werks) heißen die Köstlichkeiten in Frankreich, Appetizer (Appetitanreger) in England und den USA, Antipasti (wörtlich: vor den Teigwaren) in Italien. Doch egal, woher die Gerichte kommen, immer haben diese kulinarischen Kleinigkeiten eines gemeinsam: Hübsch anzusehen, regen sie den Appetit an, ohne satt zu machen, und bieten einen raffinierten Vorgeschmack auf kommende Genüsse. Manchmal sind sie auch ein feines Häppchen für zwischendurch oder krönen ein Buffet.

Hobbyköche servieren gern eine kalte Vorspeise, da man sie gut vorbereiten kann. Eine delikate Alternative sind beispielsweise überbackene Crostini, die man bis auf die letzten Handgriffe fertigstellen kann und nur noch kurz gratiniert, wenn die Gäste da sind. Auch viele warme Gerichte können – kleiner portioniert – einen großen Auftritt zu Beginn einer Menüfolge haben.

Ob kalt oder warm: In jedem Fall sollte die Vorspeise auf die folgenden Gänge abgestimmt sein. Serviert man ein üppiges Fleischgericht, darf sie ruhig leichter sein, vor einem leicht verdaulichen Hauptgang kann sie dagegen etwas gehaltvoller ausfallen.

„Der erste Biss ist für das Auge", lautet eine Küchenweisheit. Deshalb verdient die Vorspeise besondere Aufmerksamkeit für eine gelungene und ansprechende Präsentation. Das bezieht sich nicht nur auf die Speise selbst, sondern auch auf das Geschirr, auf dem das kleine Gericht präsentiert wird. Im Trend liegen Vorspeisenlöffel aus weißem Porzellan, Minischalen und -schüsseln sowie kleine Gourmetplatten. Bei der eindrucksvollen Inszenierung sind der Kreativität und Fantasie also kaum Grenzen gesetzt.

Geflügelleber
Äpfel
Portwein
Apfelpüree
Pfeffer

Gratiniertes Geflügelleberparfait mit Pfefferkaramell und grünem Apfel

Gratiniertes Geflügelleberparfait mit Pfefferkaramell und grünem Apfel

Zubereitungszeit: 2 Stunden

Zutaten für 4 Portionen

1 Schalotte
40 ml roter Portwein
1 Zweig Thymian
300 g frische Geflügelleber
1 Ei
1 Eigelb
300 g Butter
etwas Salz
etwas schwarzer Pfeffer (aus der Mühle)
4 Scheiben fetter Speck
2 Äpfel (Granny Smith)
4 EL Ahornsirup
50 g Zucker
2 TL weißer Pfeffer (gemahlen)

Außerdem
3 EL grünes Apfelpüree

Zubereitung

■ Die **Schalotte** schälen und in grobe Würfel schneiden. Mit dem **Portwein** und dem **Thymianzweig** aufkochen und auf die Hälfte einkochen lassen. Die **Geflügelleber** zugeben und mit dem **Ei** und dem **Eigelb** mixen. Die **Butter** auf 85 Grad erhitzen und in einem Strahl während des Mixens zugeben. Mit **Salz** und **Pfeffer** würzen.

■ Den Backofen auf 120 Grad Ober-/Unterhitze vorheizen. Eine Terrinenform mit den **Speckscheiben** auslegen und die Lebermasse einfüllen. Das Parfait für etwa 1 Stunde in den heißen Ofen schieben. Anschließend herausnehmen und in den Kühlschrank stellen.

■ **Äpfel** waschen, in Viertel schneiden und das Kerngehäuse entfernen. Die Viertel in gleich große Spalten schneiden. Die Spalten in eine heiße Pfanne geben. **Ahornsirup** angießen und die Apfelspalten 2–3 Minuten dünsten.

■ Den **Zucker*** mit 3 EL Wasser und dem **weißen Pfeffer** aufkochen lassen. Nun bei 150 Grad karamellisieren und hart werden lassen. In einer Moulinette zu Staub cuttern. Durch ein Sieb auf Backpapier sieben und im Ofen bei 200 Grad gratinieren lassen. Herausnehmen, leicht auskühlen lassen und in Rechtecke schneiden, bevor die Masse wieder ganz fest ist.

Anrichten

■ Das Parfait in Scheiben auf die Teller geben. Den Pfefferkaramell darauflegen und das **Apfelpüree**** sowie die glacierten Äpfel außen herum anordnen.

Tipp

* Verwenden Sie statt Zucker Isomalt, einen Zuckeraustauschstoff, der aus Zuckerrüben gewonnen wird. Es ist einfacher zu verarbeiten, weil es gegen Hitze und Säure stabil ist. Isomalt schmeckt zwar wie Zucker, hat jedoch nur etwa die Hälfte der Süßkraft.

** Grünes Apfelpüree ist im Feinkosthandel oder online erhältlich.

Jakobsmuscheln
Orangensaft
Zitronenthymian
Kresse
Avocados

Gratinierte Jakobsmuscheln

Gratinierte Jakobsmuscheln

Zubereitungszeit: 45 Minuten

Zutaten für 4 Portionen

8 Jakobsmuscheln
6 Bioorangen
6 **Zweige** Zitronenthymian
2 Eier
1 **Prise** Safranpulver
4 Avocados
Saft von 1 Limette
etwas Salz
1 **Msp.** Knoblauch
(frisch gehackt)
1 **EL** Sweet-Chili-Soße
etwas Olivenöl

Außerdem
1 **Schale** Kresse

Zubereitung

■ Backofen auf 250 Grad Grillfunktion vorheizen.
■ Die **Jakobsmuscheln*** ausbrechen und von den Innereien befreien. Unter fließendem kaltem Wasser sorgfältig waschen und auf ein trockenes Tuch legen.
■ Von 1 **Orange** die Schale in Zesten abziehen. 2 **Orangen** filetieren und den Saft dabei auffangen. Restliche **Orangen** auspressen und den Saft auf 200 ml einkochen lassen. Die Blättchen von den **Thymianzweigen** zupfen und hinzufügen. Den Saft mit den **Eiern** und dem **Safran** im heißen Wasserbad aufschlagen.
■ Die **Avocados** schälen und in kleine Würfel schneiden. Mit **Limettensaft**, **Salz**, **Knoblauch** und **Sweet-Chili-Soße** würzen.
■ Etwas **Olivenöl** in einer Pfanne erhitzen und darin die Jakobsmuscheln von beiden Seiten ganz kurz braten. Die Muscheln herausnehmen, in eine ofenfeste Anrichteform legen und mit der Orangensabayon überziehen. Im heißen Ofen überbacken.

Anrichten

■ Das Avocadopüree in einem Ausstecher auf den Tellern platzieren. Darauf die gratinierten Jakobsmuscheln setzen und dazwischen mit etwas **Kresse** und Orangenzesten dekorieren.

Tipp

*Frische Jakobsmuscheln in der Schale gibt es nur in den Monaten mit „r", also von September bis April. Im Sommer bekommt man Jakobsmuscheln nur tiefgefroren, ausgelöst oder in Lake eingelegt.

Saiblingsfilet
Apfel
Meerrettich
frische Kräuter
Brunnenkresse

Mit Kräutern gratiniertes Saiblingsfilet auf Apfel-Meerrettich-Vinaigrette

Mit Kräutern gratiniertes Saiblingsfilet auf Apfel-Meerrettich-Vinaigrette

Zubereitungszeit: 1 Stunde 15 Minuten

Zutaten für 4 Portionen

Für die Saiblingsfilets

2 Bachsaiblinge (à 400 g)
etwas Salz
etwas schwarzer Pfeffer (aus der Mühle)
2 EL Sahne
1 Apfel (Granny Smith)
3 EL Apfelsaft
2 EL Apfelessig
1 TL Apfelmus
1 TL Meerrettich
1 EL Olivenöl
1 EL Maiskeimöl
½ Bund Brunnenkresse
100 g Kartoffelpüree
etwas Apfelsaft (zum Abschmecken)
etwas Apfelessig (zum Abschmecken)

Zubereitung

■ Die **Bachsaiblinge** waschen, trocken tupfen, filetieren und die Gräten mit einer Pinzette gründlich entfernen.

■ Je 2 Saiblingsfilets mit **Salz** und **Pfeffer** würzen und auf Klarsichtfolie legen. 3 EL Saiblingsfilet (das kann auch von den Gräten abgeschabtes Fleisch sein) kalt stellen und großzügig salzen. In einer Moulinette fein mixen und die **Sahne** nach und nach hinzufügen. Mit **Salz** und **Pfeffer** abschmecken. Die Saiblingsfilets mit dieser Masse bestreichen, die restlichen Filets daraufsetzen und fest einrollen. In Alufolie wickeln und kühl stellen.

■ Den **Apfel** schälen, das Kerngehäuse entfernen und das Fruchtfleisch in kleine Würfel schneiden. Zuerst mit dem **Apfelsaft** einmal kurz aufkochen lassen und anschließend **Apfelessig**, **Apfelmus**, **Meerrettich***, **Olivenöl** und **Maiskeimöl** zugeben. Mit **Salz** und **Pfeffer** würzen.

Tipp

* Eine leckere Alternative zum heimischen Meerrettich ist scharfer japanischer Wasabi, den es in asiatischen Feinkostgeschäften gibt. Aber auch scharfer Senf passt gut zu dieser Vinaigrette.

Für die Kräuterkruste
4 Stängel Petersilie
8 Stängel Brunnenkresse
4 Sauerampferblätter
100 g Mie de pain
100 g Butter
2 Msp. Knoblauch
(frisch gehackt)
3 g Salz

Außerdem
1 Schale Kresse

■ Die **Brunnenkresse** waschen und trocken schütteln. 12 kleine Blätter von den Stängeln zupfen. Den Rest 5 Minuten in Salzwasser kochen, kalt abschrecken, fein mixen und unter das **Kartoffelpüree** rühren. Mit etwas **Apfelsaft** und **Apfelessig** dünnflüssig glatt rühren.

■ Für die Kräuterkruste die **Petersilien-** und **Brunnenkressestängel** waschen und trocken schütteln. Die Blätter von den Stängeln zupfen. Die **Sauerampferblätter** waschen, trocken schütteln und klein zupfen. **Mie de pain** mit den Kräutern in der Moulinette fein mixen. **Butter**, zerdrückten **Knoblauch** und **Salz** zugeben und kurz einmixen. Die Masse zwischen zwei Folien oder in einem Gefrierbeutel dünn ausrollen und in den Kühlschrank legen, bis die Kruste fest ist.

■ Die in Alufolie gehüllten Saiblingsfilets in kochendes Wasser geben und 4 Minuten ziehen lassen. Herausnehmen und weitere 5 Minuten ruhen lassen. Anschließend ausrollen, portionieren und mit der Kräuterkruste unter dem Grill überkrusten.

Anrichten

■ Das Kartoffelpüree mit einem Pinsel auf die Teller streichen. Vinaigrette darübergeben und die gratinierten Saiblingsfilets daraufsetzen. Mit **Kresseblättern** garnieren.

Carpaccio vom Rind mit überbackenen Pecorino-Cannelloni

Rucola
Rinderfilet
Tomaten
Sardellen
Pecorino

Carpaccio vom Rind mit überbackenen Pecorino-Cannelloni

Zubereitungszeit: 35 Minuten plus Einfrieren

Zutaten für 4 Portionen

1 ½ Bund Rucola
240 g Rinderfilet
etwas Salz
etwas schwarzer Pfeffer (aus der Mühle)
500 g Tomaten
1 EL Butter
etwas Zucker
1 TL Tomatenmark
1 Blatt Gelatine
1 TL Sardellen
50 g Sahne
4 EL Rotweinessig
8 EL Olivenöl
8 EL Pecorino (frisch gerieben)
1 TL Senf

Zubereitung

■ **Rucola** waschen, trocken schleudern, die Blätter abzupfen und fein hacken. Das **Rinderfilet** der Länge nach so aufschneiden, dass ein großes, flaches Stück entsteht. Mit **Salz** und **Pfeffer** würzen und den Rucola daraufstreuen. Das Fleisch wie eine Roulade aufrollen und zuerst fest in Klarsichtfolie, anschließend in Alufolie wickeln und für mindestens 5 Stunden in den Gefrierschrank legen.

■ Die Hälfte der **Tomaten** waschen und vierteln, dabei den Stielansatz herausschneiden. Die **Butter** in einem kleinen Topf zerlassen. Tomatenviertel hinzufügen, mit **Salz** und **Zucker** würzen und kurz aufkochen lassen. Das **Tomatenmark** hinzufügen und zugedeckt 15 Minuten ziehen lassen.

■ Die **Gelatine** in kaltem Wasser einweichen. Anschließend gut ausdrücken und zu den Tomaten geben. **Sardellen** und **Sahne** zugeben und mit dem Stabmixer pürieren. Durch ein Sieb passieren und in einen Sahnesiphon geben. Kalt stellen.

Tipp

*Einfacher gelingen die Pecorino-Cannelloni, wenn man ein rund zugeschnittenes Backpapier in die Pfanne legt und mit dem Käse bestreut. So geht es auch ohne Olivenöl.

■ Restliche **Tomaten** oben kreuzweise einritzen und vom Strunk befreien. 10 Sekunden in kochend heißes Wasser geben, herausnehmen, in kaltem Wasser abschrecken und die Haut abziehen. Das Fruchtfleisch mit den Kernen herausschneiden. Die Tomatenfilets klein würfeln. Mit 1 EL **Rotweinessig**, 2 EL **Olivenöl**, **Salz** und **Pfeffer** würzen. Je eine Nocke pro Teller abstechen.

■ Eine beschichtete Pfanne mit etwas **Olivenöl*** einreiben. **Pecorino** einstreuen und auf der Herdplatte erhitzen, bis er zerläuft. Leicht auskühlen lassen. Aus der Pfanne nehmen und in 5 x 5 cm große Stücke schneiden. Nun von der anderen Seite in der Pfanne braten, bis die Quadrate leicht braun werden. Schnell um einen Holzstab oder den Stiel eines Kochlöffels wickeln und auskühlen lassen, bis die Röllchen fest und hart sind.

■ Aus restlichem **Rotweinessig** und **Olivenöl** sowie **Senf** eine Vinaigrette herstellen und mit dem restlichen **Rucola** vermengen.

■ Den Sahnesiphon mit zwei Gaspatronen befüllen und die Tomatenmousse in die Cannelloni spritzen.

Anrichten

■ Flache Teller mit der Vinaigrette bepinseln. Leicht salzen und pfeffern. Das Carpaccio in feine Scheiben schneiden und darauflegen. Wieder mit Vinaigrette bepinseln und die gefüllten Cannelloni darauflegen. Anschließend mit dem marinierten Rucola garnieren.

Tomaten
Thunfisch
Baguette
Ingwer
Blattspinat

Crostini mit Thunfisch, Tomate und Blattspinat

Crostini mit Thunfisch, Tomate und Blattspinat

Zubereitungszeit: 30 Minuten

Zutaten für 4 Portionen

- ½ **Stange** Baguette
- **etwas** Olivenöl
- 1 Knoblauchzehe
- 1 **Zweig** Thymian
- 3 Tomaten
- 2 Schalotten
- **etwas** Salz
- **etwas** schwarzer Pfeffer (aus der Mühle)
- 1 **Spritzer** Aceto balsamico bianco
- 6 Basilikumblätter
- 100 g Thunfisch
- 50 g Mangofruchtfleisch
- 3 **Scheiben** Ingwer (eingelegt)
- **etwas** Zitronensaft
- 1 **TL** Sweet-Chili-Soße
- 4 Korianderblätter
- 150 g Blattspinat (geputzt und gewaschen)
- 2 Sardellen
- 100 g Sahne
- 1 **EL** Paniermehl
- 1 Eigelb
- 3 **EL** Parmesan (frisch gerieben)

Zubereitung

■ Das **Baguette** in 12 fingerdicke Scheiben schneiden. 1 EL **Olivenöl** in einer Pfanne erhitzen und die Brotscheiben darin anbraten. Kurz vor dem Wenden der Scheiben die geschälte und zerdrückte **Knoblauchzehe** sowie den **Thymianzweig** dazugeben. Anschließend die Brotscheiben wenden und goldgelb braten.

■ Die **Tomaten*** häuten, entkernen und das Fruchtfleisch in Würfel schneiden. 1 **Schalotte** schälen und fein hacken. Mit dem gewürfelten Fruchtfleisch von 2 Tomaten vermengen. Mit **Salz, Pfeffer, Aceto balsamico** und etwas **Olivenöl** würzen. **Basilikumblätter** waschen, trocken tupfen, in feine Streifen schneiden und hinzufügen. 4 Crostini mit der Masse belegen.

■ **Thunfisch** und **Mango** in Würfel schneiden. Den **Ingwer** fein hacken und dazugeben. Mit etwas **Zitronensaft, Salz, Pfeffer** sowie **Sweet-Chili-Soße** würzen. **Korianderblätter** waschen, trocken tupfen, fein hacken und dazugeben. Auf 4 Crostini verteilen.

Tipp

*Frische Tomaten sollte man häuten. Das geht so: Tomaten oben über Kreuz einschneiden und den grünen Strunk herausschneiden. Jetzt die Tomaten 10 Sekunden in kochend heißem Wasser blanchieren. In kaltem Wasser abschrecken und die Haut abziehen.

Fortsetzung auf der nächsten Doppelseite

Crostini mit Thunfisch, Tomate und Blattspinat
Fortsetzung

■ Die zweite **Schalotte** schälen und fein hacken. Etwas **Olivenöl** erhitzen und die Schalotten glasig anschwitzen. Nacheinander den **Blattspinat**, die restlichen **Tomatenwürfel** und die fein gehackten **Sardellen** zugeben. Mit **Pfeffer** würzen. Nun auf 4 Crostini verteilen.

■ Backofen auf 230 Grad Grillfunktion vorheizen. Die **Sahne** steif schlagen. Das **Paniermehl*** dazugeben und leicht salzen. **Eigelb** und **Parmesan** unterheben. Die Mischung gleichmäßig auf den Crostini verteilen und im heißen Ofen 2–3 Minuten überbacken.

Anrichten

■ Die überbackenen Crostini auf einem Servierteller anordnen.

Tipp

*Verrühren Sie zunächst das Paniermehl mit dem Eigelb und lassen es etwas quellen, bevor Sie die Sahne unterheben. So hat sie später einen besseren Stand.

Suppen

Raffinierte Alleskönner

Die Suppe war das erste Gericht, das unsere Vorfahren gekocht haben – und bis heute ist sie rund um den Globus äußerst beliebt. Denn ob leicht oder herzhaft, bodenständig oder edel-raffiniert: Kaum ein anderes Gericht kann hinsichtlich Vielfalt, Komposition und Geschmack mit ihr konkurrieren. Das Ergebnis kann eine klare Brühe oder eine kräftige Essenz sein, eine mit Ei, Sahne, Butter oder Mehlschwitze gebundene Version, ein cremig pürierter Gaumenschmeichler oder ein gehaltvoller Eintopf. In der modernen Küche sind auch Kombinationen beliebt, die schichtweise in Gläsern angerichtet werden. Und für einen imposanten Auftritt sorgen nach wie vor mit Blätterteig überbackene oder gratinierte Klassiker aus dem Ofen.

Suppen lassen sich recht einfach herstellen. Wichtig ist aber, dass nur beste Zutaten verwendet werden. Denn nur aus Gutem entsteht Gutes. Bei der Zubereitung sollte man sehr sorgfältig arbeiten, weil man später nur diesen einen Geschmack hat und nicht wie bei vielen anderen Gerichten eine Kombination aus mehreren Geschmacksnuancen.

Eine Brühe aus Gemüse, Fleisch oder Fisch bildet immer die Grundlage. Karkassen, Markknochen, Gewürze, Zwiebeln und Suppengrün geben zusätzlich Aroma. Wie aber wird die Brühe richtig klar? Denn egal, ob es sich um Rinder- oder Gemüsebrühe handelt – für gewöhnlich setzen sich beim Kochen an der Oberfläche Trübstoffe ab. Die einfachste Methode ist das Abschöpfen des Schaums. Für die perfekt durchsichtige Suppe wird die Brühe dann mit geschlagenem Eiweiß geklärt, durch ein Passiertuch abgegossen und bei Bedarf entfettet.

Je nachdem, ob sie klar oder gebunden und wie üppig ihre Einlage ist, kann die Suppe am Anfang eines Menüs oder als eigenständige Mahlzeit serviert werden. Eine Grundregel beim Anrichten lautet dabei: Heißes sollte richtig heiß auf den Tisch kommen. Deshalb immer vorgewärmte Tassen oder Teller verwenden. Kalte Suppen werden entsprechend in gekühlten, manchmal sogar leicht angefrorenen Tellern, Schalen oder Gläsern gereicht.

Süßwasserfische
Tomaten
Tomatensaft
Sauce Rouille
Baguette

Bouillabaisse von Süßwasserfischen

Bouillabaisse von Süßwasserfischen

Zubereitungszeit: 45 Minuten

Zutaten für 4 Portionen

Für die Bouillabaisse

2 Schalotten
2 Knoblauchzehen
1 Fenchel
1 Karotte
1 kleines Stück Lauch
1 rote Paprikaschote
300 g Tomaten
1,2 kg Süßwasserfische
(z. B. Zander, Hecht, Aal, Äsche, Wels)
2 EL Olivenöl
1 Zweig Rosmarin
1 Zweig Thymian
30 ml trockener Weißwein
30 ml Noilly Prat
500 ml Tomatensaft
1 g Safranpulver
1 Lorbeerblatt

Zubereitung

■ **Schalotten** und **Knoblauchzehen** schälen und in Scheiben schneiden. **Fenchel, Karotte, Lauch** und **Paprikaschote** putzen und ggf. schälen. Dann waschen und in grobe Würfel schneiden. **Tomaten** waschen, den Strunk entfernen und das Fruchtfleisch grob zerschneiden.

■ Die **Fische** filetieren. Die Karkassen aufheben. **Olivenöl** in einem Topf erhitzen, Fischgräten und Köpfe zugeben und kurz rösten. Die Gemüse und die **Kräuterzweige** zugeben und das Ganze bei mittlerer Hitze etwa 10 Minuten dünsten. Mit **Weißwein** und **Noilly Prat** ablöschen und etwas einkochen lassen. **Tomatensaft** angießen, dann etwa 1½ l Wasser auffüllen. Aufkochen lassen, abschäumen, **Safran** und **Lorbeerblatt** hinzufügen. 20 Minuten köcheln lassen. Anschließend kräftig durch ein Sieb drücken. Dabei darauf achten, dass die Gemüse ganz durchgedrückt werden, da sie die Suppe binden.

Tipp

*Servieren Sie den gebackenen Fisch unbedingt getrennt zur Suppe, weil der Backteig schnell durchweicht. Geben Sie ihn erst kurz vor dem Essen in die Suppe, damit er knusprig bleibt.

Für den Fisch
60 g Mehl
1 Eigelb
50 ml Weißwein
Salz
1 Eiweiß
120 g Welsfilet
1 TL Olivenöl
etwas schwarzer Pfeffer
(aus der Mühle)
etwas Mehl
1 l Pflanzenöl

Außerdem
8 EL Sauce Rouille
(Rezept Seite 164)
8 Scheiben Baguette

■ Den Backofen auf 230 Grad Grillfunktion vorheizen. Die Fischfilets in Stücke schneiden und 5–7 Minuten in der heißen Suppe ziehen lassen. Die **Sauce Rouille** auf den **Baguettescheiben** verteilen und im heißen Ofen überbacken.

■ Aus **Mehl, Eigelb, Wein, Olivenöl** und einer Prise **Salz** einen glatten Teig herstellen. Das **Eiweiß** zu Schnee schlagen und unterheben. **Welsfilet*** in kleine Stücke schneiden und mit **Salz** und **Pfeffer** würzen. In **Mehl** wenden und durch den Backteig ziehen. Anschließend in heißem **Pflanzenöl** ausbacken.

Anrichten

■ Die Suppe in tiefen Tellern anrichten. Baguettescheiben und gebackenen Fisch separat servieren.

Steinpilze
Sahne
Blätterteig
Majoran
Chardonnay

Gebackene Steinpilzcremesuppe

Gebackene Steinpilzcremesuppe

Zubereitungszeit: 40 Minuten

Zutaten für 4 Portionen

- **200 g** TK-Blätterteig
- **2** Schalotten
- **1** Knoblauchzehe
- **200 g** Steinpilze
- **40 g** Butter
- **etwas** Salz
- **etwas** schwarzer Pfeffer (aus der Mühle)
- **80 ml** Chardonnay
- **400 ml** Fleischbrühe
- **100 g** Sahne
- **3 Stängel** Majoran
- **1 EL** Sahne
- **2** Eigelb

Zubereitung

- Den **Blätterteig** auftauen. **Schalotten** und **Knoblauchzehe** schälen und in Scheiben schneiden. **Steinpilze** putzen und in grobe Würfel schneiden. **Butter** in einem breiten Topf zerlassen, Schalotten, Knoblauch und Pilze darin rösten. Mit **Salz** und **Pfeffer** würzen. Mit **Chardonnay** ablöschen und auf die Hälfte der Flüssigkeit einkochen lassen.
- **Fleischbrühe** zugeben und bei leichter Hitze ca. 10 Minuten köcheln lassen. **Sahne** zugeben, nochmals aufkochen lassen und mit **Salz** und **Pfeffer** abschmecken. Dann das Ganze mit dem Stabmixer pürieren und durch ein Sieb gießen.
- **Majoranblättchen** von den Stängeln zupfen, waschen und trocken tupfen. Die Suppe in Tassen anrichten, mit Majoranblättchen dekorieren und abkühlen lassen.
- Den Backofen auf 180 Grad Ober-/Unterhitze vorheizen. Den aufgetauten Blätterteig 2 mm dick ausrollen. **Sahne** mit den **Eigelben** verrühren. Den oberen Rand der Tasse außen mit den verquirlten Eigelben einstreichen. Nun den Blätterteig 3 cm größer ausstechen als den Tassenrand, stramm auf die Tasse setzen und dort, wo das Eigelb verstrichen ist, fest andrücken.* Obenauf ebenfalls mit der Eigelb-Sahne-Mischung abstreichen. 12–15 Minuten im heißen Ofen backen.

Anrichten

- Unmittelbar nach dem Herausnehmen aus dem heißen Ofen servieren.

Tipp

*Es ist wichtig, die Suppe vorher abkühlen zu lassen, um zu vermeiden, dass der Dampf den Blätterteig aufweicht. Er rutscht sonst in die Suppe, bevor er am Rand festbacken kann. Wer möchte, kann zusätzlich Formen aus dem Blätterteig ausstechen und damit den auf den Tassen aufsitzenden Teig dekorieren.

Gratinierte Zwiebelsuppe

Zwiebeln
Kräuterzweige
Brühe
Baguette
Comté

Gratinierte Zwiebelsuppe

Zubereitungszeit: 1 Stunde

Zutaten für 4 Portionen

1 kg weiße Zwiebeln
3 Zweige Thymian
3 Knoblauchzehen
2 EL Olivenöl
10 g Butter
1 Lorbeerblatt
1 Zweig Rosmarin
1,2 l Geflügel- oder Rinderbrühe
(Geflügelbrühe: Rezept Seite 156)
etwas Salz
etwas schwarzer Pfeffer
(aus der Mühle)
8 Scheiben Baguette
80 g Comté
(alt; frisch gerieben)

Zubereitung

■ **Zwiebeln** schälen und fein hobeln. **Thymianblättchen** von den Zweigen zupfen, waschen und trocken tupfen. **Knoblauchzehen** schälen und in feine Scheiben schneiden. Einen großen Topf auf den Herd stellen und erhitzen (etwas weniger als mittlere Hitze). Ist der Topf heiß, **Olivenöl** mit **Butter**, Zwiebeln, Thymian, Knoblauch, **Lorbeerblatt** und **Rosmarinzweig** in den Topf geben. Die Zwiebeln zugedeckt etwa 15 Minuten unter mehrmaligem Rühren dünsten, ohne dass sie Farbe annehmen.

■ Nach 15 Minuten den Deckel abnehmen, die Hitze erhöhen und die Zwiebeln unter Rühren goldgelb braten. Die Hitze wieder reduzieren und die **Brühe** angießen. 20 Minuten köcheln lassen und mit **Salz** und **Pfeffer** würzen. Den Rosmarinzweig entfernen.

■ In der Zwischenzeit den Backofen auf 200 Grad Ober-/Unterhitze vorheizen.

■ Die Suppe in 4 ofenfeste Gefäße (Suppenschalen, tiefe Teller oder Tassen) füllen, jeweils 2 **Baguettescheiben** (oder zerrupfte Stücke) in die Suppe geben und mit ein paar Spritzern **Olivenöl** beträufeln. Mit dem **Käse*** bestreuen und im heißen Ofen überbacken, bis der Käse goldgelb zerlaufen ist.**

Anrichten

■ Unmittelbar nach dem Gratinieren in dem ofenfesten Gefäß servieren.

Tipp

* Alter Comté ist so kostbar wie alter Parmesan. Wer keinen Comté findet, kann ihn durch Gruyère oder Beaufort ersetzen. Allerdings ist der Käse aus der französischen Region Franche-Comté im Geschmack sehr viel feiner und fruchtiger.

**Wer die Käsebaguettes kross haben möchte, kann sie gratinieren, ohne sie in die Suppe zu legen. Sie werden dann erst nach dem Überbacken in die Suppe gegeben.

Kürbis-Paprika-Suppe, gratiniert mit Ingwersahne

Butternusskürbis
Paprika
Ingwer
Pastis
Lachs

Kürbis-Paprika-Suppe, gratiniert mit Ingwersahne

Zubereitungszeit: 45 Minuten

Zutaten für 4 Portionen

- **600 g** Butternusskürbis (geschält und entkernt)
- **2** Schalotten (geschält)
- **½** rote Paprikaschote (gewaschen und entkernt)
- **1 EL** Kürbiskernöl
- **10 g** Ingwer
- **20 g** brauner Zucker
- **1 TL** Curry
- **20 ml** Weißwein
- **2 Spritzer** Aceto balsamico bianco
- **1** Sternanis
- **800 ml** Brühe (kräftig, fettfrei)
- **150 ml** Milch
- **2 EL** Butter
- **2 cl** Pastis
- **etwas** Salz
- **4 x 25 g** rohe Lachswürfel
- **etwas** schwarzer Pfeffer (aus der Mühle)
- **100 g** Nudelteig
- **200 g** Sahne
- **2 Msp.** Ingwer (frisch gerieben)
- **½ TL** Ingwerpulver
- **1** Eigelb
- **1 TL** Mie de pain oder Paniermehl

Zubereitung

■ Den **Kürbis**, die **Schalotten** und die **Paprikaschote** in grobe Stücke schneiden.

■ Das **Kürbiskernöl** erhitzen und die Hälfte des Kürbis und die Paprika darin anschwitzen. **Ingwer**, **Zucker** und **Curry** hinzufügen und mit **Weißwein** und **Aceto balsamico** ablöschen. **Sternanis** hinzufügen, **Brühe** angießen und 15 Minuten köcheln lassen. Sternanis herausnehmen und **Milch** dazugeben. Mit dem Stabmixer pürieren. Die **Butter** in einem Topf zerlassen und den restlichen Kürbis weich dünsten. Den **Pastis** zugeben und mit dem Stabmixer pürieren. Mit **Salz** abschmecken.

■ Die **Lachswürfel** mit **Salz** und **Pfeffer** würzen. Den **Nudelteig** hauchdünn ausrollen und die Lachswürfel darin Stück für Stück einschlagen. Fest andrücken und ausstechen oder ausschneiden.

■ Die **Sahne** steif schlagen. **Ingwer**, **Ingwerpulver**, etwas **Salz**, **Eigelb** und **Mie de pain** unterheben. 10 Minuten quellen lassen.

■ Die Ravioli 2 Minuten in köchelndem Salzwasser ziehen lassen.

Anrichten

■ Das Kürbispüree in den Glaszylinder* füllen und die Ravioli einlegen. Die Suppe eingießen, die Gratinsahne darübergeben und unter dem Grill gratinieren. So servieren. Das Glas vorsichtig abheben, damit die Sahne auf dem Kürbispüree liegen bleibt.

Tipp

* Diese köstliche Kürbis-Paprika-Suppe gelingt auch ohne Glaszylinder. Geben Sie zunächst die Suppe in den Teller und dann die Sahne auf die Suppe. Gratinieren Sie anschließend die Suppe unter dem Grill.

Zitronengrassüppchen mit gratiniertem Garnelenspieß

Riesengarnelen
Portwein
Zitronengras
Ananassaft
Kokosmilch

Zitronengrassüppchen mit gratiniertem Garnelenspieß

Zubereitungszeit: 1 Stunde

Zutaten für 4 Portionen

10 Riesengarnelen (mit Schale)
3 EL Olivenöl
1 Schalotte
50 g Karotte
1 EL Tomatenmark
200 ml Rotwein
200 ml roter Portwein
50 ml weißer Portwein
etwas Salz
3 EL Pflanzenöl
1 Ei
2 Eigelb
2 Bund Zitronengras
2 EL Sesamöl (geröstet)
½ TL Jaipur-Curry
250 ml Geflügelbrühe (Rezept Seite 156)
150 ml Ananassaft
250 ml Kokosmilch
2 Kaffirlimettenblätter
etwas schwarzer Pfeffer (aus der Mühle)
3 EL Sesamsamen
50 g Butter
0,2 TL Lezithin

Zubereitung

■ **Garnelen** ausbrechen und die Schalen aufheben. **Olivenöl** in einem Topf erhitzen und die Garnelenschalen 5–6 Minuten braten.

■ Die **Schalotte** und die **Karotte** schälen und in grobe Würfel schneiden. Zu den Garnelenschalen geben und weitere 5–6 Minuten braten. **Tomatenmark** hinzufügen und kurz unterrühren. Mit dem **Rotwein** und **rotem Portwein*** ablöschen und stark einkochen lassen. Mit 1 Liter kaltem Wasser auffüllen und etwa 1 Stunde köcheln lassen.

■ Die Soße durch ein feines Sieb in einen Topf gießen und sorgfältig abtropfen lassen. Dann die Soße auf 200 ml einkochen. Zum Schluss **weißen Portwein** angießen und etwas **salzen**.

■ Den Backofen auf 95 Grad Ober-/Unterhitze vorheizen. **Pflanzenöl** in einer Pfanne erhitzen und 6 Garnelen auf beiden Seiten anbraten. In den heißen Fond geben und mit dem Stabmixer pürieren. Das **Ei** und 1 **Eigelb** einmixen und zwei Finger hoch in vier Gläser füllen. 20 Minuten im heißen Ofen dämpfen, bis die Masse fest geworden ist.

Tipp

*Es ist noch nicht so lange her, dass man erkannt hat, dass sich Portwein, den man früher nur als Dessert- oder Likörwein kannte, hervorragend zum Kochen eignet. Er gibt vielen Gerichten das gewisse Etwas.

Fortsetzung auf der nächsten Doppelseite

Zitronengrassüppchen
mit gratiniertem Garnelenspieß
Fortsetzung

- Die **Zitronengrasstängel*** waschen und an ihrem dicken Ende platt klopfen. Das **Sesamöl** erhitzen und den **Jaipur-Curry** darin unter Rühren anschwitzen. Mit der **Geflügelbrühe** und 100 ml **Ananassaft** ablöschen. Anschließend **Kokosmilch** und Zitronengras zugeben und das Ganze auf zwei Drittel einkochen lassen.
- **Kaffirlimettenblätter** zugeben und 1 Stunde ziehen lassen. Die Suppe darf nun nicht mehr kochen, da sie sonst bitter wird. Anschließend die Suppe durch ein Sieb passieren und mit **Salz** und **Pfeffer** würzen. Die restlichen Garnelen in Würfel schneiden und auf vier Spieße stecken.
- **Sesamsamen** in einer Pfanne ohne Fett rösten. Die **Butter** schaumig schlagen, bis sie hell wird. **Salz**, Sesam und das zweite **Eigelb** zugeben. Die Butter auf die Garnelenspieße geben und im heißen Ofen überbacken. In der Zwischenzeit den restlichen **Ananassaft** mit **Lezithin** aufmixen.

Anrichten

- Zuerst die heiße Suppe auf die „Royale" (Eierstich) in den Gläsern geben. Anschließend den Ananasschaum darüberlöffeln. Den Garnelenspieß darauflegen.

Tipp

*Zitronengras, auch Lemongras genannt, ist ein subtropisches Gras, das Speisen einen frischen, zitronenartigen Geschmack verleiht. Hat man noch Stängel übrig, kann man sie gut als Spieße für die Garnelen in diesem Rezept verwenden. So bekommen diese eine Extraportion Aroma.

Fisch und Meeresfrüchte

Neptuns Schätze

Schon von Natur aus bringen sie eine beeindruckende Vielfalt von Formen, Farben, Größen, Aromen und Texturen auf den Tisch – fast ebenso vielfältig sind die Zubereitungsarten und Genusserlebnisse. Darum gibt es für Köche und Gourmets kaum etwas Abwechslungsreicheres und Spannenderes als die Fischküche.

Mit ihrer idealen Kombination aus hochwertigem Eiweiß, lebenswichtigen Spurenelementen wie Jod sowie Mineralien und Vitaminen spielen Fische und Meeresfrüchte in der Ernährung seit Menschengedenken eine Schlüsselrolle. Selbst das Fett ist besser als das, was wir aus anderen Nahrungsmitteln aufnehmen, denn es ist reich an mehrfach ungesättigten Fettsäuren.

Für Fische und Meeresfrüchte gilt: Sie müssen frisch sein, denn wegen ihres hohen Wassergehalts sind sie leicht verderblich. Frischer Fisch hat einen angenehmen Geruch und elastisch-festes, glasiges Fleisch. Die Augen sollten klar und glänzend sein, die Kiemen leuchtend rot und die Schuppen sauber und unbeschädigt.

Da Fischfleisch fast kein Bindegewebe hat, ist es besonders zart. Deshalb sollte man es nur bei mäßiger Hitze gar ziehen lassen, dünsten oder dämpfen. Sind die Fischfilets nicht gehäutet, diese zuerst auf der Hautseite braten, dann wenden und auf der anderen Seite goldbraun braten. Raffiniert: eine Kruste, die beim Überbacken vor zu viel Hitze schützt.

Miesmuscheln
Paprika
Zucchini
Baguette
Parmesan

Überbackenes Muschelragout im mediterranen Sud

Überbackenes Muschelragout im mediterranen Sud

Zubereitungszeit: 40 Minuten

Zutaten für 4 Portionen

- **2 kg** Miesmuscheln
- **3** Schalotten
- **2** Knoblauchzehen
- **2 EL** Pflanzenöl
- **40 ml** Chardonnay
- **4** Tomaten
- **1** rote Paprikaschote
- **1** Zucchini
- **1** Lorbeerblatt
- **1 Prise** Safranpulver
- **1 EL** Tomatenmark
- **etwas** Salz
- **etwas** schwarzer Pfeffer (aus der Mühle)
- **4 Stängel** Basilikum
- **12 Scheiben** Baguette (hauchdünn geschnitten; alternativ Brotchips)
- **100 g** Parmesan (frisch gerieben)

Zubereitung

■ **Miesmuscheln*** putzen, dabei den Bart und beschädigte oder geöffnete Muscheln entfernen. Die Muscheln waschen und abtropfen lassen.

■ Die **Schalotten** und die **Knoblauchzehen** schälen. 1 Schalotte und 1 Knoblauchzehe in Scheiben schneiden.

■ 1 EL **Pflanzenöl** in einem Topf erhitzen, die Schalotten- und Knoblauchscheiben darin glasig anschwitzen. Muscheln zugeben und mit dem **Chardonnay** ablöschen. Zugedeckt bei starker Hitze 8–10 Minuten garen, bis sich die Muscheln geöffnet haben, dabei hin und wieder umrühren. Die Muscheln herausnehmen, Muschelsud durch ein Sieb passieren und beiseitestellen. Das Fleisch der Muscheln auslösen, dabei die geschlossenen Muscheln wegwerfen. Einen Teil der Muscheln als Garnitur in der Schale lassen.

Tipp

*Sind die Schalen roher Muscheln geöffnet, sind die Muscheln meistens schon tot und müssen weggeworfen werden. Drückt man die Schalen zusammen und sie bleiben dann geschlossen, leben die Muscheln noch. Exemplare, die nach dem Dünsten geschlossen sind, ebenfalls entfernen.

■ Backofen auf 220 Grad Grillfunktion vorheizen. Restliche Schalotten und die zweite Knoblauchzehe fein hacken. **Tomaten** häuten und die **Paprikaschote** schälen, entkernen und in kleine Würfel schneiden. Die **Zucchini** waschen, Kappe sowie Stielansatz entfernen und Zucchini ebenfalls in kleine Würfel schneiden.

■ Restliches **Pflanzenöl** in einem Topf erhitzen, Schalotten und Knoblauch darin glasig anschwitzen. Tomaten, Paprika und Zucchini hinzufügen und anbraten. **Lorbeerblatt**, **Safran** und **Tomatenmark** zugeben und mit **Salz** und **Pfeffer** würzen. Das Ganze kurz rösten, mit dem Muschelsud ablöschen und 5 Minuten dünsten. **Basilikumblätter** von den Stängeln zupfen und in feine Streifen schneiden. Mit dem Gemüse vermengen. Anschließend die Muscheln in den Sud geben. Alles in eine Auflaufform geben. Mit **Baguettescheiben** belegen und mit **Parmesan** bestreuen. Im heißen Ofen 5 Minuten überbacken.

Anrichten

■ Diesen rustikalen Auflauf am besten in der Form zu Tisch bringen. Wer möchte, kann die einzelnen Portionen aus der Form herausnehmen und auf Tellern servieren.

Feldsalat
Schollenfilet
Bacon
Nordseekrabben
Krustentiersoße

Mit Krabben überbackene Schollenfilets auf geschmortem Feldsalat

Mit Krabben überbackene Schollenfilets auf geschmortem Feldsalat

Zubereitungszeit: 35 Minuten

Zutaten für 4 Portionen

- **500 g** Feldsalat
- **2** Schalotten
- **40 g** Butter
- **600 g** Schollenfilet
- **etwas** Salz
- **etwas** schwarzer Pfeffer (aus der Mühle)
- **2 EL** Pflanzenöl
- **4 Scheiben** Bacon (Frühstücksspeck)
- **1** Ei
- **1** Eigelb
- **20 ml** weißer Portwein
- **200 ml** Krustentier- oder Hummersoße
- **100 g** Nordseekrabben (gepult und gekocht)

Zubereitung

■ **Feldsalat*** putzen, mehrmals waschen und anschließend trocken schleudern. **Schalotten** schälen und fein hacken. 30 g **Butter** in einer Pfanne zerlassen und die Hälfte der Schalotten darin glasig anschwitzen. Den Feldsalat zugeben und 5 Minuten schmoren.

■ **Schollenfilet**** portionieren und mit **Salz** und **Pfeffer** würzen. Das **Pflanzenöl** in einer Pfanne erhitzen und die Schollenfilets darin auf beiden Seiten braten.

■ Den **Bacon** in kleine Würfel schneiden und in einer Pfanne auslassen. Die restliche **Butter** zugeben und die zweite Hälfte der Schalotten darin glasig anschwitzen.

■ Den Backofen auf 250 Grad Grillfunktion vorheizen. **Ei, Eigelb, weißen Portwein** und **Krustentier-** oder **Hummersoße** im heißen Wasserbad aufschlagen, bis die Soße dicklich wird. **Krabben**** dazugeben und die Soße über den Schollenfilets verteilen. Im heißen Ofen 3 Minuten überbacken.

Anrichten

■ Den Feldsalat auf den Tellern anrichten und die gratinierten Fischfilets darüberlegen. Anschließend die Fischsoße mit einem Stabmixer aufschäumen und angießen.

Tipp

*Statt Feldsalat kann man auch frischen Blattspinat, Mangold oder junge Brennnesselblätter verwenden. Sie werden genauso zubereitet, wie in diesem Rezept angegeben, verleihen dem Gericht aber eine kräftigere Note.

**Die Scholle ist ein delikater, heute noch oft unterschätzter Seefisch. Man erkennt sie an ihren leuchtenden, orangefarbenen Punkten auf der Haut. Sie lässt sich sowohl im Ganzen als auch in Form von Filets gut zubereiten.

***Fangfrische Nordseekrabben sind ein Leckerbissen. Natürlich macht das Pulen etwas Arbeit, aber ungepulte sind den gepulten Krabben in jedem Fall vorzuziehen. Fangfrische Nordseekrabben können online bestellt werden.

grüner Spargel
Heilbuttfilet
Weißbrot
Schalotten
Rotwein

Heilbuttfilets unter der Spargelkruste mit Rotweinschalotten

Heilbuttfilets unter der Spargelkruste mit Rotweinschalotten

Zubereitungszeit: 45 Minuten

Zutaten für 4 Portionen

Für die Heilbuttfilets

1 kg grüner Spargel
4 Heilbuttfilets (à 120 g)
etwas Butter (für die Pfanne)
100 g Butter
1 Eigelb
etwas Salz
etwas schwarzer Pfeffer
(aus der Mühle)
30 g Weißbrot
(vom Vortag; ohne Rinde)

Für die Rotweinschalotten

6 Schalotten
1 EL Butter
300 ml Beaujolais
200 ml roter Portwein

Zubereitung

■ **Spargel*** waschen und ab der Hälfte schälen. In kochendem Salzwasser 4 Minuten garen. Herausnehmen und unter kaltem Wasser abschrecken. Die Spitzen leicht diagonal in feine Scheiben schneiden.

■ Nun die **Heilbuttfilets** schuppenförmig mit den Spargelspitzenscheiben belegen und in eine mit **Butter** ausgestrichene Pfanne legen.

■ Den unteren Teil der Spargelstangen in kleine Würfel schneiden. Ein Drittel davon mit der Butter schaumig schlagen. Das **Eigelb** hinzufügen und leicht mit **Salz** und **Pfeffer** würzen. Je 1 EL davon auf die Heilbuttfilets geben und mit zerbröseltem **Weißbrot** bestreuen.

■ **Schalotten** schälen und fein hacken. Die **Butter** zerlassen und die Schalotten darin weich dünsten. **Beaujolais** und **Portwein** angießen und reduzieren, bis fast keine Flüssigkeit mehr vorhanden ist. Den Heilbutt unter dem Grill 6–7 Minuten überbacken.

Anrichten

■ Das gratinierte Heilbuttfilet in die Mitte der Teller setzen und mit Spargelwürfeln und Nocken von den Rotweinschalotten umlegen.

Tipp

* Kochen Sie den Spargel nicht zu weich, sonst lässt er sich später schlecht in Scheiben schneiden. Er sollte vor dem Aufschneiden kalt werden, dann ist er auch etwas fester.

Lachsfilet
Meerrettich
Blattspinat
Weißbrot
Rotwein

Lachs unter der Meerrettichkruste mit Rotweinspinat

Lachs unter der Meerrettichkruste mit Rotweinspinat

Zubereitungszeit: 40 Minuten

Zutaten für 4 Portionen

100 g Weißbrot
(vom Vortag; ohne Rinde)
100 g weiche Butter
2 EL Meerrettich (frisch gerieben)
etwas Salz
etwas schwarzer Pfeffer
(aus der Mühle)
4 Lachsfilets (à 120 g)
etwas Meerrettich
(für die Lachsfilets)
400 ml Beaujolais
300 ml roter Portwein
80 g Butter (in Würfeln; eiskalt)
1 Schalotte
600 g Blattspinat
1 EL Butter

Außerdem
8 EL Fischvelouté
(Rezept Seite 164)

Zubereitung

- Das **Weißbrot** fein reiben und die **Butter** hinzufügen. Etwa 1 EL **Meerrettich**, **Salz** und **Pfeffer** zugeben und alles sorgfältig miteinander vermengen. Die Masse in einen Gefrierbeutel geben, darin 2 mm dick ausrollen und kalt stellen. Wenn die Butter fest ist, kann man die Kruste auf die Größe der Lachsstücke zuschneiden.*
- **Lachsfilets**** mit **Salz** und **Pfeffer** würzen, etwas **Meerrettich** daraufgeben und mit der Kruste bedecken.
- **Beaujolais** und **Portwein** in einen Topf geben und auf 60 ml reduzieren. Nun die eiskalte **Butter** nach und nach langsam einrühren, bis die Soße dickflüssig wird. Etwas **salzen**.
- Die **Schalotte** schälen und fein hacken. **Spinat** putzen, waschen und grob hacken. **Butter** zerlassen und die Schalotten darin glasig anschwitzen. Spinat hinzufügen und zusammenfallen lassen. Den sich bildenden Fond durch ein Sieb ablaufen lassen. Den Lachs unter dem Grill 6–7 Minuten überbacken.

Anrichten

- Den Blattspinat in die Mitte der Teller geben und mit der Rotweinbutter überziehen. Darauf das Lachsfilet legen. Mit der aufgeschäumten **Fischvelouté** löffelweise umlegen.

Tipp

* Die Kruste lässt sich auch gut vorbereiten und einfrieren. Man nimmt sie dann kurz vor dem Weiterverarbeiten aus dem Gefrierschrank. Weil sie so dünn ist, kann man sie fast gefroren auf den Fisch legen.

** Achten Sie beim Kaufen von Lachs darauf, dass sein Ursprungsgebiet Norwegen, Irland oder Schottland ist. Von dort kommen besonders hochwertige Qualitäten.

Polenta
Mittelmeerfisch
Paprika
Fischfond
Kräuter

Auflauf von Mittelmeerfischen

Auflauf von Mittelmeerfischen

Zubereitungszeit: 50 Minuten

Zutaten für 4 Portionen

300 g Geflügelbrühe
(Rezept Seite 156)
200 g Sahne
2 Knoblauchzehen
1 Zweig Rosmarin
200 g Polenta
6 EL Olivenöl
100 g Parmesan
(frisch gerieben)
200 g Drachenkopffilet
200 g Petersfischfilet
200 g Seeteufelfilet
1 rote Zwiebel
1 rote Paprikaschote
1 Zucchini
1 EL Tomatenmark
400 ml Fischfond
4 Stängel Basilikum

Zubereitung

- Backofen auf 220 Grad Grillfunktion vorheizen.
- **Geflügelbrühe** mit der **Sahne**, 1 geschälten und angedrückten **Knoblauchzehe** und dem **Rosmarinzweig** aufkochen und 5 Minuten ziehen lassen. Anschließend den Rosmarinzweig und die Knoblauchzehe entfernen. **Polenta** zugeben und aufkochen lassen.
- Die Polenta 1 ½ cm hoch in ein flaches Gefäß gießen, glatt streichen und auskühlen lassen. Danach in Würfel schneiden. 2 EL **Olivenöl** in einer Pfanne erhitzen und die Polentawürfel darin anbraten. Mit **Parmesan** bestreuen und im heißen Ofen gratinieren.
- **Fischfilets*** getrennt voneinander in Stücke von jeweils 30 g schneiden. **Zwiebel** schälen, **Paprikaschote** schälen und entkernen. Von der **Zucchini** die Kappe und den Stielansatz entfernen. Die Gemüse

Tipp

* Für diesen Auflauf werden teilweise dieselben Fischsorten wie für die provenzalische Bouillabaisse verwendet, also Speisefische, die im Mittelmeer heimisch sind. Sollte Ihr Händler die Fische für dieses Rezept nicht ausnehmen und filetieren, denken Sie daran, die Fische erst zu entschuppen. Am besten klappt das unter leicht fließendem kaltem Wasser.

in grobe Würfel schneiden. 2 EL **Olivenöl** erhitzen und die Gemüse darin anbraten. **Tomatenmark**** zugeben, kurz mitrösten und mit dem **Fischfond** ablöschen. 5 Minuten dünsten. **Basilikumblätter** abzupfen, waschen, trocken tupfen, in feine Streifen schneiden und zugeben. Dann die Seeteufelstücke in den Sud geben. In eine Auflaufform oder direkt in tiefe Teller geben.

■ Das restliche **Olivenöl** in einer breiten Pfanne erhitzen. Die anderen Fischfiletstücke auf beiden Seiten braten und zum Seeteufel geben. Mit den Polentawürfeln bestreuen und im heißen Ofen 2 Minuten überbacken.

Anrichten

■ Den Auflauf vorzugsweise in der Form zu Tisch bringen.

Tipp

**Tomatenmark sollte immer erst angeröstet werden. Die Säure verflüchtigt sich und durch das Rösten bilden sich karamellartige Aromen, die einem Gericht einen zusätzlichen Kick geben.

Fleisch

Genuss pur

Ein besonderer Tag – ein besonderes Mahl: In der guten alten Zeit war der Sonntagsbraten ein Klassiker der häuslichen Küche. Inzwischen ist für viele das Steak der Inbegriff von herzhaftem Geschmack – schieres, dunkelrotes Fleisch, außen knusprig braun gebraten, innen rosarot und saftig. Ein archaischer Genuss, der nur wenige Küchenfertigkeiten erfordert. Doch Fleisch kann weitaus mehr: Meisterhaft kombiniert mit knackigen Gemüsen, begleitet von feinen Pürees und raffinierten Soßen adelt es jedes Menü.

Das Edelste vom Edlen sind die Filets – und gerade diese Delikatessen werden unter einer aromatischen Kruste zu echten kulinarischen Highlights: Einerseits macht die leckere, goldbraune Decke neugierig auf das, was sich darunter verbirgt. Andererseits schützt sie das feine Fleisch, hält es zart und verleiht ihm eine Extraportion Geschmack. Auch größere, am Knochen gebratene Stücke wie Lammkeule oder Rehrücken werden mit einer appetitlichen Kräuterkruste zum Gaumenschmaus für liebe und anspruchsvolle Gäste.

Ob mit oder ohne Kruste: Fleisch ist in jedem Fall ein hochwertiges Grundnahrungsmittel. Dass es zu einem längeren und gesünderen Leben beiträgt, ist bei einigen Wissenschaftlern zwar durchaus umstritten. Sicher ist dagegen, dass ein gutes Stück Fleisch richtig viel Genuss und Lebensfreude mit sich bringt. Und das zumindest ist sehr gesund.

Kalbssteak au four

Kalbfleisch
Champignons
Spargel
Kroketten
Sauce hollandaise

Kalbssteak au four

Zubereitungszeit: 2 Stunden

Zutaten für 4 Portionen

Für das Ragout fin

400 g schieres Kalbfleisch
(von der Keule)
800 ml Fleischbrühe
2 Lorbeerblätter
½ Zwiebel
150 g Champignons
2 Schalotten
1 EL Butter
30 g Maisstärke
100 g Sahne
etwas Salz
etwas schwarzer Pfeffer
(aus der Mühle)
etwas Worcestersoße
2 Blatt Gelatine

Für die Kalbssteaks

4 Kalbssteaks
(à 120 g; vom Rücken)
etwas Salz
etwas schwarzer Pfeffer
(aus der Mühle)
4 EL Pflanzenöl

Zubereitung

■ Am Vortag das Ragout fin zubereiten: Das **Kalbfleisch*** mit der **Brühe**, den **Lorbeerblättern** und der geschälten halben **Zwiebel** zum Kochen bringen und etwa 1 Stunde köcheln lassen.

■ Dann das Fleisch aus der Brühe nehmen und abkühlen lassen. Die Brühe beiseitestellen.

■ Die **Champignons** putzen und in Scheiben schneiden. **Schalotten** schälen und fein hacken. **Butter** in einem Topf zerlassen, Schalotten und Champignons darin anschwitzen. 400 ml der Fleischbrühe angießen und aufkochen lassen.

■ Kalbfleisch in kleine Würfel schneiden. **Maisstärke** mit etwas kalter Brühe glatt rühren und in die kochende Brühe geben. **Sahne** zugeben und alles aufkochen lassen. Fleischwürfel hinzufügen und kalt stellen. Mit **Salz**, **Pfeffer** und **Worcestersoße** würzen.

■ Nun die **Kalbssteaks salzen** und **pfeffern**. Das **Pflanzenöl** in einer Pfanne erhitzen und die Kalbssteaks darin kurz von jeder Seite braten. Dann mit etwa drei Vierteln des kalten Ragout fin bedecken.

■ Restliches Ragout fin auf 50 Grad erhitzen. **Gelatine** in kaltem Wasser einweichen, anschließend sorgfältig ausdrücken und zum warmen Ragout fin geben.

■ Das Ragout fin kalt stellen. Zum Schluss in Stücke von 1 ½ x 1 ½ x 4 cm schneiden.

Tipp

*Schieres Fleisch bezeichnet Fleisch ohne jegliche Sehnen, ohne Fett und ohne Knochen. Besonders für die hohe Küche ist es wichtig, auf eine hohe Qualität der verwendeten Produkte zu achten.

Fortsetzung auf der nächsten Doppelseite

Kalbssteak au four
Fortsetzung

Für die Kroketten
500 g Kartoffeln
(mehligkochend)
etwas Salz
40 g Butter
etwas schwarzer Pfeffer
(aus der Mühle)
2 Eigelb
Mehl
2 Eiweiß
8 EL Paniermehl
1 l Pflanzenöl

Für den Spargel
2 kg weißer Spargel
etwas Salz
etwas Zucker
3 EL Butter
etwas Zitronensaft
8 EL Sauce hollandaise
(Rezept Seite 160)

■ **Kartoffeln** schälen, in kleine Stücke schneiden und in leicht gesalzenem Wasser 20 Minuten weich kochen. Die **Butter** zerlassen. Kartoffeln abgießen, fein stampfen und mit **Salz** und **Pfeffer** würzen. Dann **Eigelbe** und zerlassene Butter hinzufügen.

■ Die Kartoffelmasse um das Ragout fin geben, sodass es komplett umschlossen ist. Nun mehlieren, durch das angeschlagene **Eiweiß** ziehen und in **Paniermehl** wälzen. Zum Schluss etwas nachformen. Im heißen **Pflanzenöl** (maximal 175 Grad) 2–3 Minuten frittieren. Herausnehmen und auf Küchenpapier abtropfen lassen.

■ Den Backofen auf 250 Grad Ober-/Unterhitze vorheizen. In der Zwischenzeit den **Spargel** schälen. Salzwasser zum Kochen bringen und etwas **Zucker**, die Butter und etwas **Zitronensaft** hinzufügen. Den Spargel einlegen und 10 Minuten garen. Anschließend herausnehmen und in eine Auflaufform geben. Die Kalbssteaks darauflegen. Mit der **Sauce hollandaise*** überziehen und im heißen Ofen 2–3 Minuten überbacken.

Anrichten

■ Die Kroketten diagonal aufschneiden und auf die Teller verteilen. Das Kalbssteak au four vorzugsweise in der Form zu Tisch bringen.

Tipp

* Die Sauce hollandaise ist unter den Buttersoßen die bekannteste. Klassisch wird sie zu Spargel gereicht, aber sie harmoniert auch gut mit weißem Fleisch, pochiertem Fisch und Krustentieren. Sollte die Soße beim Aufschlagen gerinnen, genügen ein paar Tropfen kaltes Wasser und kräftiges Rühren, um ihr ihre Sämigkeit zurückzugeben.

Lammkeule mit Chapelure überbacken

Lammkeule
Kräuter
Keniabohnen
Kartoffeln
Weißbrot

Lammkeule mit Chapelure überbacken

Zubereitungszeit. 3 Stunden 30 Minuten

Zutaten für 4 Portionen

- **1,5 kg** Lammkeule
- **etwas** Salz
- **1 l** Pflanzenöl
- **etwas** schwarzer Pfeffer (aus der Mühle)
- **4 Zweige** Thymian
- **1 Zweig** Rosmarin
- **1** Knoblauchzehe
- **100 g** Weißbrot (vom Vortag; ohne Rinde)
- **3 EL** grober Dijonsenf

Zubereitung

■ Die **Lammkeule** mit **Salz** bestreuen. In einer großen Bratform 3 EL **Pflanzenöl** erhitzen und die Lammkeule darin rundum braun braten. Herausnehmen, abkühlen lassen und mit **Pfeffer** einreiben.

■ Den Backofen auf 80 Grad Ober-/Unterhitze vorheizen. Die Lammkeule in den Ofen geben und 2½–3 Stunden garen. Mit einem Fleischthermometer prüfen: Hat das Fleisch in der Mitte am Knochen 60 Grad, ist es zartrosa. Dann kann die Keule herausgenommen werden.

■ **Thymianblättchen** und **Rosmarinnadeln** von den Zweigen streifen. Die **Knoblauchzehe** schälen. **Weißbrot**, Kräuter, Knoblauchzehe und 1 Prise **Salz** in der Moulinette fein häckseln (Chapelure*).

■ Die Temperatur des Backofens auf 220 Grad Ober-/Unterhitze erhöhen. Die Lammkeule mit **Senf** bestreichen, die Chapelure darüberstreuen und im heißen Ofen 15 Minuten überkrusten.

Tipp

*Wer keine Chapelure wie in diesem Rezept herstellen will, kann die Lammkeule auch nur mit Senf bestreichen und anschließend mit Paniermehl bestreuen. Das ergibt ebenfalls eine schöne Kruste.

250 g	Keniabohnen
1 Bund	Blattpetersilie
1	Schalotte
4 Scheiben	Parmaschinken
etwas	Mehl
2	Eier
etwas	Paniermehl
12	Kartoffeln (z. B. La ratte)
etwas	Rosmarin (für die Kartoffeln)
etwas	Knoblauch (für die Kartoffeln)

■ **Keniabohnen** in gut gesalzenem Wasser 8–10 Minuten weich kochen und unter fließendem kaltem Wasser abschrecken. **Petersilie** waschen und trocken schleudern. Die Blätter von den Stängeln zupfen und fein hacken. Die **Schalotte** schälen und fein hacken. Die Keniabohnen mit Petersilie und Schalotten sowie je einer Scheibe **Parmaschinken** zu vier Päckchen einwickeln. **Mehlieren**, durch die verschlagenen **Eier** ziehen und zweimal in **Paniermehl** wälzen.

■ Das restliche **Pflanzenöl** erhitzen und die Päckchen darin goldbraun ausbacken. Danach diagonal aufschneiden. Die Temperatur des Backofens auf 175 Grad Ober-/Unterhitze reduzieren. Die **Kartoffeln** waschen und mit der Schale und nach Belieben mit etwas **Rosmarin** und **Knoblauch** in einer Pfanne anbraten. Dann 15 Minuten in den heißen Ofen geben.

Anrichten

■ Das Fleisch in feine Scheiben schneiden. Die Bohnen-Parmaschinken-Päckchen diagonal in Stücke schneiden und oben auf dem Teller platzieren. Die kleinen Kartoffeln außen herum verteilen. In die Mitte des Tellers etwas Soße geben und darauf die Fleischscheiben legen.

Rehrücken
Feigensenf
Honigbrot
Petersilienwurzel
Rotkohl

Mit Honigbrot gratinierter Rehrücken und orientalischer Rotkohl

Mit Honigbrot gratinierter Rehrücken und orientalischer Rotkohl

Zubereitungszeit: 1 Stunde 30 Minuten*

Zutaten für 4 Portionen

Für den Rehrücken

- **100 g** Honigbrot
- **2 EL** Cashewkerne (geröstet)
- **2 EL** Sauerkirschen (getrocknet)
- **480 g** Rehrücken (ausgelöst)
- **etwas** Salz
- **etwas** schwarzer Pfeffer (aus der Mühle)
- **etwas** Quatre épices
- **2 EL** Butterschmalz
- **2 EL** Feigensenf
- **2** Petersilienwurzeln (ca. 300 g)
- **2 EL** Butter
- **100 g** Sahne

Zubereitung

- Den Backofen auf 175 Grad Ober-/Unterhitze vorheizen. Das **Honigbrot** klein würfeln und im heißen Ofen 5 Minuten rösten. **Cashewkerne** und **Sauerkirschen** grob hacken und zugeben.
- Den **Rehrücken**** in vier Stücke zerteilen. Mit **Salz**, **Pfeffer** und **Quatre épices** würzen.
- Die Temperatur des Backofens auf 180 Grad Ober-/Unterhitze erhöhen.
- Das **Butterschmalz** in einer großen Pfanne zerlassen und das Fleisch darin auf beiden Seiten kurz anbraten. Mit **Feigensenf** bestreichen und die Brot-Nuss-Kirsch-Masse darauf verteilen. 5 Minuten in den heißen Ofen schieben. Herausnehmen und weitere 4–5 Minuten an einem warmen Ort ruhen lassen.
- Die **Petersilienwurzeln** schälen und in grobe Würfel schneiden. **Butter** in einem Topf zerlassen und darin die Petersilienwurzeln weich dünsten.
- Die **Sahne** erhitzen. Dann Petersilienwurzeln und die heiße Sahne mit dem Stabmixer pürieren.

Tipp

* Die Zubereitungszeit lässt sich auf 40 Minuten verringern, wenn Rotkohl aus dem Glas verwendet wird.

**Wenn Sie keinen Rehrücken bekommen, können Sie auch ausgelöste Rücken von Rotwild, Hirsch oder Damwild nehmen. Diese sind jedoch dicker und erfordern eine längere Garzeit.

Fortsetzung auf der nächsten Doppelseite

Mit Honigbrot gratinierter Rehrücken und orientalischer Rotkohl

Fortsetzung

Für den Rotkohl
1 kg Rotkohl
4 EL Apfelessig
1 EL Rosenwasser
1 EL Zimtpulver
etwas Cayennepfeffer
½ TL Harissa
etwas Salz
1 TL Kreuzkümmel (gemahlen)
2 Knoblauchzehen (geschält und fein gehackt)
10 g Ingwer (frisch gerieben)
40 g Zucker
60 ml Olivenöl (Extra Vergine)
200 ml Gemüsebrühe
etwas Orangensaft
50 g Ingwer (kandiert)
100 g Sauerkirschen (getrocknet)
100 g eingelegte Zitronen (Rezept Seite 165)

Außerdem
6 EL Rehjus

■ **Rotkohl** putzen und in kleine Würfel schneiden. Mit **Apfelessig, Rosenwasser, Zimt, Cayennepfeffer, Harissa, Salz, Kreuzkümmel, Knoblauch,** frisch geriebenem **Ingwer** und **Zucker** mischen und 2 Stunden ziehen lassen.

■ **Olivenöl** in einem großen Topf erhitzen und den Rotkohl darin andünsten. Die **Gemüsebrühe** angießen und das Ganze zugedeckt bei leichter Hitze 1 Stunde garen, dabei ab und zu umrühren. Nach Belieben etwas **Orangensaft** hinzufügen.

■ Den kandierten **Ingwer** klein würfeln und die **Sauerkirschen** grob hacken. **Eingelegte Zitronen*** ebenfalls in kleine Würfel schneiden. 20 Minuten vor Ende der Garzeit Ingwer, Sauerkirschen und ca. 80 g **Zitronen** zum Rotkohl geben und das Ganze nochmals abschmecken. So sämig einkochen, dass sich der Rotkohl in Nocken abstechen lässt.

Anrichten

■ Das Petersilienwurzelpüree als runden Klecks auf die Teller geben und mit einem Löffel zur Seite ziehen. Den Rehrücken portionieren und darauflegen. Eine Rotkohlnocke darauf platzieren. Mit den restlichen **Zitronenwürfeln** garnieren und mit der **Rehjus** nappieren.

Tipp

*Eingelegte Zitronen werden auch unter der Bezeichnung „marokkanische Zitronen" angeboten. Sie passen zu vielerlei Gerichten, auch zu Currys mit Fleisch, Fisch und Lamm. Man kann sie relativ teuer in Feinkostgeschäften kaufen, aber auch ohne großen Aufwand selbst zubereiten (siehe Fotos 1–8 und Rezept Seite 165).

Rinderfilet unter der Pfefferkruste mit Kartoffelplätzchen

Rinderfilet
Pfeffer
Paniermehl
Kartoffeln
Nussbutter

Rinderfilet unter der Pfefferkruste mit Kartoffelplätzchen

Zubereitungszeit: 40 Minuten

Zutaten für 4 Portionen

Für das Rinderfilet

600 g Rinderfilet
etwas Salz
2 EL Pflanzenöl
100 g weiche Butter
100 g Paniermehl
1 Ei
2 EL schwarzer Pfeffer
(geschrotet)
8 Minikarotten (geschält)
8 Navetten
(gewaschen und geputzt)
8 breite Bohnen
(gewaschen und geputzt)
1 EL Geflügelbrühe
(Rezept Seite 156)

Für die Kartoffelplätzchen

250 g Kartoffeln
(mehligkochend; geschält)
60 g Butter
1 Ei
2 Eigelb
3 EL Pflanzenöl

Außerdem

4 EL Kalbsjus
(Rezept Seite 158)

Zubereitung

■ **Rinderfilet** parieren, mit etwas **Salz** bestreuen und in vier Stücke schneiden. Das **Pflanzenöl** in einer Pfanne erhitzen und die Fleischstücke darin auf beiden Seiten je 2 Minuten braten.

■ **Butter** (1 EL beiseitestellen) mit **Paniermehl** und **Ei** mixen. Mit **Pfeffer** vermengen und in einen Gefrierbeutel geben. Mit dem Rollholz dünn ausrollen und kalt stellen. Anschließend in der Größe der Rinderfilets ausstechen und auf die Filets legen.

■ Salzwasser zum Kochen bringen. **Karotten** und **Navetten** darin 8 Minuten köcheln lassen. Herausnehmen, kurz in kaltem Wasser abschrecken und dann mit den Fingern die Außenhaut abrubbeln. Die **Bohnen** 8–10 Minuten in fast versalzenem Wasser bissfest kochen. Mit einem Schaumlöffel herausnehmen.

■ Vor dem Anrichten die Gemüse zusammen in einen Topf geben und kurz mit 1 EL **Butter** und **Geflügelbrühe** erhitzen.

Tipp

*Nussbutter stellt man zunächst wie geklärte Butter her: Butter in eine Kasserolle geben und aufkochen lassen. Sie wird nun milchig. Sobald das Wasser in der Butter verkocht ist, wird sie klar und der Schaum an der Oberfläche weniger. Das ist der Zeitpunkt, wo man aufpassen muss. Ist sie leicht gebräunt, ist sie Nussbutter. Diese nun durch ein Passiertuch in einen anderen Topf abgießen. Den namengebenden Geschmack erhält die Nussbutter durch den karamellisierten Milchzucker.

■ Die **Kartoffeln** weich kochen und durch die Kartoffelpresse drücken oder stampfen. Aus der **Butter** Nussbutter* herstellen und diese ganz heiß zu den Kartoffeln geben. Sofort das **Ei** und die **Eigelbe** hinzufügen und kräftig durchrühren.

■ Nun das **Pflanzenöl** in eine beschichtete Pfanne geben. Die Pfanne leicht erwärmen. Die Kartoffelmasse mit einem Eisportionierer (kleinste Größe) in die Pfanne abstechen und langsam von beiden Seiten goldgelb braten.

■ In der Zwischenzeit den Backofen auf 220 Grad Grillfunktion vorheizen.

■ Die Rinderfilets mit der Kruste in den heißen Ofen geben und 6–8 Minuten überbacken. Dann 2–3 Minuten ruhen lassen.

Anrichten

■ Die Gemüse in die Mitte der Teller geben und die Kartoffelplätzchen und das Rinderfilet darauflegen. Die **Kalbsjus** um das Gericht verteilen.

Kalbsmedaillons
Champignons
Tomaten
Eier
Parmesan

Kalbsmedaillons, gratiniert mit Parmesan und Ei

Kalbsmedaillons, gratiniert mit Parmesan und Ei

Zubereitungszeit: 40 Minuten + 2 Stunden Ruhezeit

Zutaten für 4 Portionen

Für die Nudeln

- **200 g** Mehl
- **2** Eier
- **1 EL** Olivenöl
- **2 Prisen** Salz

Für die Kalbsmedaillons

- **150 g** Champignons
- **1 EL** Butter
- **10 cl** Weißwein
- **100 g** Crème fraîche
- **100 g** Sahne
- **100 ml** Geflügelbrühe (Rezept Seite 156)
- **8** Kalbsmedaillons (à 60 g; Kalbsfilet)
- **etwas** Salz
- **etwas** schwarzer Pfeffer (aus der Mühle)
- **6** Eier
- **2 EL** Mehl
- **etwas** Paniermehl
- **1 TL** edelsüßes Paprikapulver
- **90 g** Parmesan (frisch gerieben)
- **3 EL** Pflanzenöl
- **2** Tomaten
- **2 EL** Olivenöl
- **½** Zucchini

Zubereitung

■ **Mehl**, **Eier**, **Olivenöl** und **Salz** zu einem festen, glatten Teig verarbeiten. 2 Stunden ruhen lassen.

■ Die **Champignons** putzen und in Scheiben schneiden. **Butter** in einem Topf zerlassen und die Pilze darin anschwitzen. Mit **Weißwein** ablöschen. **Crème fraîche**, **Sahne** und **Geflügelbrühe** hinzufügen und 2 Minuten köcheln lassen.

■ Die **Kalbsmedaillons*** mit **Salz** und **Pfeffer** würzen. Backofen auf 240 Grad Grillfunktion vorheizen. **Eier**, **Mehl**, **Paniermehl**, **Paprika** und **Parmesan** sorgfältig miteinander vermengen.

■ **Pflanzenöl** in einer Pfanne erhitzen und darin die Medaillons 5–6 Minuten auf beiden Seiten goldbraun braten. Danach die Medaillons mit der Parmesan-Ei-Masse** bestreichen und im heißen Ofen 2 Minuten überbacken.

■ Die Temperatur des Backofens auf 90 Grad Ober-/Unterhitze reduzieren. **Tomaten** 10 Sekunden in kochendes Wasser geben, herausnehmen, in kaltem Wasser abschrecken und die Haut abziehen. Danach die Tomaten entkernen und in Viertel schneiden. Mit 1 EL **Olivenöl** und 1 Prise **Salz** im warmen Ofen etwas antrocknen lassen.

■ **Zucchini** in Scheiben schneiden, im restlichen **Olivenöl** anbraten und mit **Salz** und **Pfeffer** würzen.

Tipp

*In unserem Rezept werden die Medaillons aus dem Filet geschnitten. Man kann die Medaillons aber auch aus dem Kalbsrücken schneiden oder Schweinefilet verwenden.

**Die Parmesan-Ei-Masse lässt sich auch gut für Piccata milanese, ein Gericht der klassischen italienischen Küche, verwenden. Dafür die Medaillons zu kleinen Schnitzeln plattieren, mehlieren, durch die Parmesan-Ei-Masse ziehen und dann bei leichter bis mittlerer Hitze braten.

Außerdem
100 ml Kalbsjus
(Rezept Seite 158)

■ Nudelteig auf 0,2 mm ausrollen und in feine Streifen schneiden. Diese in leicht gesalzenem Wasser kochen und dann abgießen.

■ Die Champignonsoße noch einmal aufkochen lassen und aufschlagen.

Anrichten

■ Die Gemüse in Form eines Rechtecks auf die Teller geben. Auf beiden Seiten je ein Kalbsmedaillon darauf platzieren. Dazwischen mit einer Gabel die Nudeln aufdrehen. Mit der **Kalbsjus** überziehen.

Vegetarische Gerichte

Bunte Vielfalt

Fleischlos kochen liegt im Trend und hat mittlerweile auch die Gourmetküche erobert. Dabei zeigt ein Blick in alte Kochbücher, dass dieser Trend eine lange Tradition hat: Vegetarische Gerichte sind oft bunte, unkomplizierte Klassiker, die in den Küchen der ganzen Welt zu Hause sind. Wie die gratinierten Ofenkartoffeln, die sich wunderbar vorbereiten lassen. Oder die überbackenen, herzhaften Crêpes, deren Füllung sich je nach Jahreszeit und persönlichen Vorlieben variieren lässt.

Marktstände und Regale in Feinkostgeschäften machen es deutlich: Nie zuvor konnten wir auf ein so breit gefächertes Sortiment von heimischen und exotischen Gemüsesorten, Kräutern und Aromen zugreifen. Zarter

Spargel und junger Spinat setzen die ersten frischen Akzente im Jahresreigen. Tomaten, Gurken und Zucchini sind aromatische Sommerboten. Chicorée, Lauch, Karotten und Kürbis künden vom Herbst, und durch den Winter begleiten uns Feldsalat, Kohl, Schwarzwurzeln und Wirsing.

Wer in der Küche generell oder auch nur zeitweise auf Fisch und Fleisch verzichtet, den erwarten Geschmackserlebnisse der ganz besonderen Art. Denn das kreative Zusammenspiel von frischen Produkten und unterschiedlichsten Aromen ist stets aufs Neue überraschend und köstlich – vor allem, wenn Feines im Ofen unter einer würzigen Haube seinen vollen Geschmack entfalten kann.

Blätterteig
Mimolette
Oliven
Curry
Ricotta

Überbackene Blätterteigstangen mit Curry-Ricotta-Dip

Überbackene Blätterteigstangen mit Curry-Ricotta-Dip

Zubereitungszeit: 25 Minuten

Zutaten für 4 Portionen

Für die Blätterteigstangen

- **150 g** TK-Butterblätterteig
- **40 g** alter Mimolette
- **1 EL** schwarze Oliven (fein gehackt)
- **1 TL** Curry
- **etwas** Mehl
- **2** Eigelb
- **1 EL** Sahne

Für den Curry-Ricotta-Dip

- **1 Stängel** Koriander
- **200 g** Ricotta
- **2 Spritzer** Aceto balsamico
- **etwas** Salz
- **etwas** schwarzer Pfeffer (aus der Mühle)
- **2 EL** Sweet-Chili-Soße
- **1 EL** Jaipur-Curry

Zubereitung

■ Den **Blätterteig*** auftauen lassen. Den **Käse** fein reiben und mit **Oliven** und **Curry** vermengen.

■ Den Backofen auf 200 Grad Ober-/Unterhitze vorheizen. Den Blätterteig auf einer mit **Mehl** bestäubten Arbeitsfläche 4 mm dick ausrollen und dünn mit der verquirlten **Eigelb-Sahne**-Masse bestreichen. Mit der Käse-Oliven-Mischung bestreuen und in 32 lange Streifen schneiden. Die Streifen mit beiden Händen in entgegengesetzter Richtung zu gedrehten Stangen rollen und im heißen Ofen 10 Minuten goldbraun backen.

■ Für den Dip die Blätter vom **Korianderstängel** zupfen, waschen, trocken tupfen und grob hacken. Mit **Ricotta**, **Aceto balsamico**, **Salz**, **Pfeffer**, **Sweet-Chili-Soße** und **Jaipur-Curry** vermengen.

Anrichten

■ Die Blätterteigstangen in ein Glas oder ein hohes Gefäß geben. Den Dip in einem kleinen Schälchen danebenstellen.

Tipp

* Verwenden Sie statt des tiefgekühlten Blätterteigs einen Blitzblätterteig: Stellen Sie aus 500 g Mehl, 10 g Zucker, 5 g Salz, 300 ml Wasser einen Teig her und kneten Sie 400 g kalte, kleine Butterstückchen ein. Dann den Teig im Kühlschrank durchkühlen lassen. Anschließend ausrollen und zweimal einklappen, sodass der Teig in Dritteln aufeinanderliegt. Den Teig wieder kalt stellen, dann ausrollen und zweimal einklappen. Den Teig auf diese Weise fünfmal ausrollen, einklappen und kalt stellen.

Überbackene Crêpes mit grünem Spargel

Spargel
Friséesalat
Tomaten
Sauce hollandaise
Eier

Überbackene Crêpes mit grünem Spargel

Zubereitungszeit: 30 Minuten

Zutaten für 4 Portionen

- **125 g** Mehl
- **250 ml** Milch
- **etwas** Zucker
- **etwas** Salz
- **2** Eier
- **2** Eigelb
- **30 g** flüssige Butter
- **3 EL** Butterschmalz
- **1 kg** grüner Spargel
- **2** Tomaten
- **etwas** schwarzer Pfeffer (aus der Mühle)
- **400 ml** Sauce hollandaise (Rezept Seite 160)
- **½** Friséesalat

Zubereitung

- **Mehl** mit **Milch** und je einer Prise **Zucker** und **Salz** glatt rühren. Nacheinander **Eier**, **Eigelbe** und **Butter** zugeben.
- Das **Butterschmalz** in einer kleinen Pfanne zerlassen. Darin portionsweise hauchdünne Crêpes ausbacken.
- Die **Spargelstangen** im unteren Drittel schälen und vom Ende etwa 1–2 cm abschneiden. Den Spargel je nach Dicke der Stangen 5–8 Minuten in Salzwasser kochen.
- Die **Tomaten** oben kreuzweise einritzen und vom Strunk befreien. 10 Sekunden in kochend heißes Wasser geben, herausnehmen, in kaltem Wasser abschrecken und die Haut abziehen. Das Fruchtfleisch mit den Kernen herausschneiden. Die Tomatenfilets in kleine Würfel schneiden und mit **Salz** und **Pfeffer** würzen.
- Anschließend den Backofen auf 230 Grad Grillfunktion vorheizen.

Anrichten

- Den grünen Spargel in die Crêpes einwickeln. Tomatenstückchen auf tiefe Teller verteilen und jeweils ein Crêpe darauf platzieren. Mit **Sauce hollandaise*** übergießen und im heißen Ofen überbacken. Mit **Friséeblättern** garnieren.

Tipp

* Statt der klassischen Sauce hollandaise kann man auch Varianten davon zum Gratinieren nehmen, beispielsweise Sauce Choron (tomatisierte Sauce hollandaise) oder Sauce maltaise (mit Blutorangensaft).

Gratinierte Steinpilzravioli mit Hüttenkäse und Zucchini

Steinpilze
Hüttenkäse
Parmesan
Zucchini
Eigelb

Gratinierte Steinpilzravioli mit Hüttenkäse und Zucchini

Zubereitungszeit: 35 Minuten + 2 Stunden Ruhezeit

Zutaten für 4 Portionen

- 200 g Mehl
- 3 Eier
- 1 EL Olivenöl
- etwas Salz
- 400 g Steinpilze (alternativ Champignons oder Kräuterseitlinge)
- 2 Zucchini
- 1 Schalotte
- etwas Pflanzenöl
- etwas schwarzer Pfeffer (aus der Mühle)
- 100 ml Geflügelbrühe (Rezept Seite 156)
- 8 g Maisstärke
- 50 g Sahne
- 1 EL Steinpilzöl
- 200 g Hüttenkäse
- 60 g Parmesan (frisch gerieben)
- 2 Eigelb
- 1 EL Paniermehl
- 4 Stängel Majoran

Zubereitung

■ **Mehl**, 2 **Eier**, **Olivenöl** und 2 Prisen **Salz** zu einem festen, glatten Teig verarbeiten. 2 Stunden ruhen lassen. Dann dünn ausrollen und etwa 10 x 15 cm große Nudelplatten zuschneiden. Die Nudelplatten 2 Minuten in kochendem Salzwasser blanchieren und mit kaltem Wasser abschrecken.

■ **Steinpilze*** und **Zucchini** putzen und in grobe Würfel schneiden. Die **Schalotte** schälen und fein hacken. Etwas **Pflanzenöl** in einer Pfanne erhitzen und darin die Steinpilz- und Zucchiniwürfel anbraten. Mit **Salz** und **Pfeffer** würzen.

■ 2 EL der **Geflügelbrühe** mit **Maisstärke** glatt rühren. Restliche **Geflügelbrühe** mit **Sahne** und **Steinpilzöl** aufkochen lassen. Die Stärke einrühren und kurz aufwallen lassen.

■ Den Backofen auf 230 Grad Ober-/Unterhitze vorheizen. Die Nudelplatten auf einem Teller wellig anrichten. Pilze und Zucchini darauf verteilen.

■ **Hüttenkäse**, **Parmesan**, **Eigelbe**, restliches **Ei** und **Paniermehl** miteinander vermengen. Mit **Salz** und **Pfeffer** würzen und in die Nudeltäschchen füllen. Im heißen Ofen 3–4 Minuten überbacken.

Anrichten

■ Die Nudeltäschchen aus dem Ofen nehmen und auf den Tellern platzieren. Die Soße mit dem Pürierstab aufmixen und darübergeben. Mit den **Majoranstängeln** dekorieren.

Tipp

*Steinpilze, wie ich sie für dieses Rezept empfehle, sind meine Lieblingspilze. Je nach Saison eignen sich natürlich auch frische Morcheln, Pfifferlinge, Rotkappen, Maronen, oder Champignons.

Gratinierte Ofenkartoffeln mit dreierlei Füllungen

Kartoffeln
Kürbis
Spargel
Paprika
Sauce Béchamel

Gratinierte Ofenkartoffeln mit dreierlei Füllungen

Zubereitungszeit: 40 Minuten

Zutaten für 4 Portionen

12 gleich große Kartoffeln (festkochend)
1 Prise Kümmelsamen
½ Hokkaidokürbis
1 EL Aceto balsamico bianco
2 cm Ingwer (geschält und fein gehackt)
etwas Salz
1 TL Zucker
1 Lorbeerblatt
1 Sternanis
1 EL Apfelmus
1 Bund grüner Spargel (500 g)
4 EL Sauce Béchamel (Rezept Seite 161)
½ rote Paprikaschote
½ gelbe Paprikaschote
½ Schalotte
½ Zucchini
2 EL Olivenöl
1 Zweig Thymian
1 TL Tomatenmark
3 EL Geflügelbrühe (Rezept Seite 156)

Zubereitung

■ Die **Kartoffeln*** sorgfältig waschen und bürsten. Anschließend in Salzwasser mit einer Prise **Kümmel** weich kochen. Die Kartoffeln aushöhlen.**

■ Den **Kürbis** in kleine Würfel schneiden. **Aceto balsamico, Ingwer, Salz, Zucker, Lorbeerblatt** und **Sternanis** zugeben. So mit Wasser auffüllen, dass alles gut bedeckt ist. Zum Kochen bringen, die Temperatur reduzieren und 2–3 Minuten köcheln lassen. 10 Minuten ziehen lassen, dann das Lorbeerblatt und den Sternanis herausnehmen. Mit dem **Apfelmus** leicht binden. Vier Kartoffeln mit dieser Masse füllen.

■ Die **Spargelstangen** im unteren Drittel schälen und vom Ende etwa 1–2 cm abschneiden. Nun je nach Dicke der Stangen 5–8 Minuten in Salzwasser kochen. Die Spargelstangen herausnehmen, in Würfel schneiden und mit **Sauce Béchamel** vermengen. Damit vier weitere Kartoffeln füllen.

■ Die **Paprikaschoten** entkernen und die **Schalotte** schälen. Alles in kleine Würfel schneiden. Die **Zucchini** ebenfalls in kleine Würfel schneiden.

■ Das **Olivenöl** in einem breiten Topf erhitzen. Schalotten, Paprika und Zucchini darin anbraten. Den **Thymianzweig** zugeben. **Tomatenmark** hinzufügen und mitrösten lassen. Mit der **Geflügelbrühe** ablöschen.

Tipp

*Für die Ofenkartoffeln eignen sich am besten kleine, dünnschalige Kartoffeln wie die französischen La Ratte und Vitelotte oder die deutschen Sorten Bamberger Hörnchen und Sitta. Besonders die La Ratte, die „Speckige" genannt, ist bei Kennern sehr beliebt. Aber auch die Bamberger Hörnchen mit ihrem würzigen Geschmack sind zu empfehlen.

1 Msp. Knoblauch (fein gehackt)
etwas schwarzer Pfeffer (aus der Mühle)
200 g Sahne
4 EL Paniermehl
1 Eigelb
4 EL Gratinierkäse (labfrei)

■ Den **Knoblauch** zugeben. Mit **Salz** und **Pfeffer** würzen und den Thymianzweig wieder entfernen. Weitere vier Kartoffeln damit füllen.

■ Die Kartoffeln auf ein Backblech geben. Den Backofen auf 230 Grad Grillfunktion vorheizen.

■ **Sahne** steif schlagen. **Paniermehl**, **Eigelb** und **Käse** zugeben. Die Masse auf den Kartoffeln verteilen und im heißen Ofen überbacken.

Anrichten

■ Die Ofenkartoffeln vorzugsweise auf einer Steingutplatte oder einem Holzbrett servieren.

Tipp

** Zum Aushöhlen schneidet man die Kartoffeln erst gerade. Dann sticht man die Masse am besten mit einem sogenannten Pariser Ausstecher oder einem kleinen, scharfkantigen Kaffeelöffel aus.

Chicorée
Puderzucker
Black-Bean-Paste
Kartoffeln
Orangen

Überbackener Chicorée mit Orangen und Piemonteser Nocken

Überbackener Chicorée mit Orangen und Piemonteser Nocken

Zubereitungszeit: 40 Minuten

Zutaten für 4 Portionen

Für den Chicorée

2 Chicorée
130 g Butter
3 EL Puderzucker
2 EL Black-Bean-Paste

Für die Nocken

350 g Kartoffeln (mehligkochend; am Vortag geschält und weich gekocht)
1 Ei
1 Eigelb
80 g Hartweizengrieß (doppelt gemahlen; Nudelgrieß)
etwas Salz
etwas schwarzer Pfeffer (aus der Mühle)
etwas Mehl
2 EL Olivenöl
2 Orangen

Außerdem

12 Zweige Fenchelgrün

Zubereitung

■ Den Backofen auf 200 Grad Ober-/Unterhitze vorheizen. **Chicorée** in einzelne Blätter zerteilen, etwas von dem weißen Strunk klein würfeln. Ein Backblech großzügig mit **Butter** ausstreichen und mit **Puderzucker** bestäuben. Chicoréeblätter einzeln darauf ausbreiten. Erneut mit **Puderzucker** bestäuben und mit **Butterflocken** belegen. Das Blech in den heißen Ofen schieben. Nach 5 Minuten die Blätter wenden und weitere 5–7 Minuten im Ofen garen.

■ Aus der restlichen **Butter** Nussbutter herstellen (siehe Seite 102). Mit der **Black-Bean-Paste** verrühren. Die **Kartoffeln** durch die Kartoffelpresse drücken und mit **Ei**, **Eigelb** und **Grieß** zu einem festen Teig verarbeiten. Mit **Salz** und **Pfeffer** würzen und mit einem Spritzbeutel Schlangen auf eine mit **Mehl** bestreute Arbeitsfläche ziehen. Mit einer Teigkarte kleine Stücke von den Schlangen abtrennen und zu Kugeln formen. Die Kugeln über eine Gabel drehen bzw. mit der Gabel leicht eindrücken.

■ Die Nocken* in reichlich Wasser kochen und mit einem Schaumlöffel herausnehmen.

■ **Olivenöl** in einer beschichteten Pfanne erhitzen und die Nocken darin rundum leicht anbraten. Die **Orangen** filetieren und hinzufügen.

Anrichten

■ Die Chicoréeblätter sternförmig auf dem Teller ausbreiten. In die Mitte Chicoréewürfel, Nocken und Orangenfilets geben. Mit Nussbutter überziehen und mit **Fenchelgrün** dekorieren.

Tipp

*Gnocchi sind eine italienische Spezialität. Die Piemonteser Nocken in diesem Rezept sind in Mittel- und Norditalien beliebt. Wichtig ist, dass der Teig homogen und glatt ist, damit die Gnocchi/Nocken beim anschließenden Sieden ganz bleiben. Wie auf den Fotos gezeigt, erhalten sie durch die Zinken einer Gabel ihre typische geriffelte Form.

Desserts

Verführerischer Schlusspunkt

Ein luftig-leichtes Soufflé, eine zarte Mousse, eine auf der Zunge schmelzende Creme unter einer raffinierten Karamellkruste, ein gratiniertes Obstsüppchen oder eine gelungene Variation aus süßen Früchten und verführerischen Nocken – Desserts sind der krönende Abschluss eines Festessens. Sie sind eine letzte Streicheleinheit für den Gaumen der Gäste, bei der nicht nur bekennende Naschkatzen schwach werden.

Der Name ist Programm: Der Begriff „Dessert" stammt vom französischen Wort „deservir" – wörtlich übersetzt „die Speisen abtragen". Es ist der ultimative Genuss, der aufgetischt wird, wenn alles andere schon abgeräumt ist. Ein Dessert fordert die Fantasie des Kochs und der Köchin heraus, kann einfach und schlicht sein, raffiniert-kapriziös oder sahnig-üppig. Immer wieder eine gelungene Überraschung sind Nachspeisen, die den Kontrast zwischen heiß und kalt zelebrieren wie die Topfennocken mit frischen Beeren.

Farbe und Konsistenz eines Desserts sollten sich von den vorausgegangenen Speisen unterscheiden. Wie für die Vorspeise gilt auch hier: Nach einem gehaltvollen Menü mit schweren Soßen ist ein leichtes Dessert angesagt, nach einem leichten Essen darf es durchaus gehaltvoll sein. Und damit es perfekt gelingt, braucht es nicht nur qualitativ hochwertige Zutaten, sondern auch die richtige Planung. Zu viele Geschmacksrichtungen und ein unübersichtliches Durcheinander auf dem Teller sollte man ebenso vermeiden wie ein zu komplexes Rezept, dessen Zubereitung fast schon eine Küchenbrigade erfordert. Gratinierte Desserts lassen sich oft gut vorbereiten und sind nach dem Ende des Hauptgangs schnell fertiggestellt.

Der letzte Gang, die Nachspeise, bleibt am nachdrücklichsten in Erinnerung, deshalb will sie wohlüberlegt sein. Dafür ernten Köchin und Koch für ein gelungenes süßes Finale sicheren Applaus. Dessert gut – Menü gut.

Topfenpalatschinken

Eier
Butter
Zucker
Topfen
Sahne

Topfenpalatschinken

Zubereitungszeit: 40 Minuten

Zutaten für 4 Portionen

Für den Teig

2 Eier
2 Eigelb
1 Prise Salz
20 g flüssige Butter
40 g Zucker
250 g Mehl

Für die Füllung

60 g zimmerwarme Butter
70 g Zucker
400 g Topfen
2 Eigelb
125 g Sahne
Mark von 1 Vanilleschote
abgeriebene Schale von 1 Biozitrone
2 Eiweiß
45 g Zucker
1 Prise Salz

Für die Gratinmasse

4 Eier
300 g Sahne
70 ml Milch (3,5 %)
25 g Zucker
5 cl Grand Marnier

Außerdem

2 EL Puderzucker

Zubereitung

- Aus **Eiern, Eigelben, Salz, Butter, Zucker** und **Mehl** einen dünnen Teig herstellen. Den Teig zu Crêpes ausbacken.
- Den Backofen auf 180 Grad Umluft vorheizen.
- Für die Füllung **Butter** und **Zucker** sorgfältig verrühren. **Topfen*, Eigelbe, Sahne, Vanillemark** und **Zitronenabrieb** hinzufügen. **Eiweiß** mit **Zucker** und **Salz** zu steifem Schnee schlagen und unterheben. In einen Spritzbeutel geben und die Crêpes damit füllen.
- Für die Gratinmasse **Eier, Sahne, Milch, Zucker** und **Grand Marnier** sorgfältig verrühren.

Anrichten

- Die gefüllten Palatschinken in einen tiefen Teller geben und 4 Minuten anbacken. Die Gratinmasse darübergeben und 10 Minuten im heißen Ofen überbacken. Mit **Puderzucker** bestäuben.

Tipp

* Die Topfenfüllung lässt sich je nach Saison variieren. Sie können die Füllung mit Gewürzen, Kräutern, Orangen- oder Zitronenabrieb verfeinern. Auch Trockenfrüchte und Rosinen eignen sich dafür. Es dürfen nur keine Früchte sein, die beim Erhitzen Flüssigkeit abgeben.

Schwarzkirschen
Rotwein
Cremepulver
Tonkabohnen
Dessertsoße

Überbackenes Kirschsüppchen mit Tonkabohnenmousse

Überbackenes Kirschsüppchen mit Tonkabohnenmousse

Zubereitungszeit: 2 Stunden

Zutaten für 4 Portionen

Für die Tonkabohnenmousse

1 Ei
1 Eigelb
30 g Zucker
2 Tonkabohnen (gerieben)
8 Blatt Gelatine
550 g weiße Kuvertüre
750 g Sahne

Für das Kirschragout

500 g Schwarzkirschen
50 g Zucker
100 ml Rotwein
100 ml roter Portwein
200 ml Kirschsaft
2 TL Cremepulver (Vanillepuddingpulver oder Maisstärke)
1 Zimtstange

Außerdem

2 Eiweiß
70 g Zucker
1 ½ EL Zitronensaft
2 Eigelb
etwas rote Dessertsoße
etwas Puderzucker

Zubereitung

■ Für die Mousse **Ei**, **Eigelb**, **Zucker** und **Tonkabohnen*** in einem Wasserbad warm schlagen. Anschließend auf Eis kalt rühren. Die eingeweichte und aufgelöste **Gelatine** dazugeben und die aufgelöste **Kuvertüre** unterrühren. Zum Schluss die **Sahne** steif schlagen und unterziehen.

■ Für das Kirschragout die **Kirschen** waschen und entkernen. Den **Zucker** karamellisieren. Mit **Rotwein** und **Portwein** ablöschen und reduzieren. 5 EL **Kirschsaft** abnehmen und das **Cremepulver** damit anrühren. Den restlichen **Saft** zum Rotwein geben. Die **Zimtstange** darin 15 Minuten ziehen lassen und wieder herausnehmen. Nun mit den Kirschen aufkochen lassen und mit dem **Cremepulver** binden.

■ Den Backofen auf 200 Grad Ober-/Unterhitze vorheizen. Das **Eiweiß** steif schlagen und dabei den **Zucker** einrieseln lassen. **Zitronensaft** hinzufügen und **Eigelbe** unterheben.

Anrichten

■ Das Kirschragout in ein feuerfestes Glas geben. In der Mitte in eine kleine Kuhle den Kirschfond füllen. Soufflémasse darübergeben, mit **Dessertsoße** verzieren und im heißen Ofen 5 Minuten backen. Dann mit **Puderzucker** bestäuben. Die Tonkabohnenmousse neben dem Glas platzieren. Wer möchte, kann dem Dessert mit einer gebackenen Kirsche einen besonderen Kick geben.

Tipp

* Die kleine und sehr vielseitige schwarze Bohne hat in den vergangenen Jahren in unsere Küche Einzug gehalten. Man mag ihren Duft und besonders ihren an Vanille und Mandeln erinnernden Geschmack. Vor allem in Kombination mit Schokolade oder Kuvertüre ist das Ergebnis eine Mousse von warmer Würzigkeit.

Quarkauflauf mit Pfirsichen und Verveine

Quark
Verveine
Vanillemark
Pfirsiche
Zitrone

Quarkauflauf mit Pfirsichen und Verveine

Zubereitungszeit: 35 Minuten

Zutaten für 4 Portionen

300 g Quark (40 %)
3 Eigelb
abgeriebene Schale und Saft von 1 Biozitrone
abgeriebene Schale von 1 Bioorange
3 Zweige Verveine (Eisenkraut)
3 Eiweiß
260 g Zucker
50 ml Weißwein
Mark von 1 Vanilleschote
2 Pfirsiche
4 TL brauner Zucker

Außerdem
etwas Butter
(für die Förmchen)
etwas Zucker
(für die Förmchen)

Zubereitung

■ Backofen auf 220 Grad Unterhitze vorheizen.

■ Den **Quark** sorgfältig ausdrücken, sodass noch 200 g übrig bleiben. **Eigelbe** sowie **Zitronen-** und **Orangenabrieb** zugeben. **Verveinezweige** fein hacken und hinzufügen. **Eiweiß** mit 60 g **Zucker** zu steifem Schnee schlagen und vorsichtig unterheben. Vier Förmchen mit **Butter** ausstreichen und mit **Zucker** ausstreuen. Im Backofen im heißen Wasserbad 12–15 Minuten backen.

■ 250 ml Wasser, den restlichen **Zucker***, **Wein**, **Vanillemark** und **Zitronensaft** aufkochen. Die **Pfirsiche** darin je nach Reifegrad so lange pochieren, bis sie weich sind. Das dauert 5–10 Minuten. Die Pfirsiche herausnehmen, halbieren, häuten und in Fächer schneiden. Je 1 TL **braunen Zucker** daraufgeben und mit dem Bunsenbrenner abflämmen.

Anrichten

■ Den Auflauf auf Desserttellern anrichten und die abgeflämmten Pfirsiche fächerförmig daneben anordnen.

Tipp

*Wenn man statt des Zuckers Gelierzucker verwendet, bekommt das Soufflé einen besseren Stand. Wichtig: Der Quark muss richtig trocken sein. Entweder im Leinenbeutel zum Abtropfen aufhängen oder gut schleudern.

Topfen
Erdbeeren
Crème fraîche
Waldmeister
Sahne

Topfennocken mit Erdbeeren

Topfennocken mit Erdbeeren

Zubereitungszeit: 1 Stunde 30 Minuten

Zutaten für 4 Portionen

600 g Topfen (40 %)
50 g flüssige Butter
3 Eier
30 g Zucker
130 g Mie de pain
500 g Erdbeeren
6 Zweige Waldmeister
6 EL Crème fraîche
3 Eigelb
20 g Puderzucker
2 EL Sahne

Zubereitung

▪ Den **Topfen** kräftig ausdrücken. Mit der noch warmen **Butter**, den **Eiern** und dem **Zucker** vermengen. **Mie de pain** dazugeben und 1 Stunde quellen lassen. Nun Nocken von der Masse abstechen und 10 Minuten in leicht gesalzenem, kochendem Wasser ziehen lassen. Anschließend mit einem Schaumlöffel herausnehmen und auf Küchenpapier ablegen.

▪ **Erdbeeren** waschen, den Stiel und das Kelchblatt entfernen. Die Früchte in Viertel schneiden. Den **Waldmeister** waschen und trocken tupfen. Die Blättchen abzupfen und fein hacken.

▪ Backofen auf 250 Grad Grillfunktion vorheizen. **Crème fraîche** mit **Eigelben**, **Puderzucker** und Waldmeister vermengen. **Sahne** steif schlagen und unterheben. Über die Erdbeeren geben.*

Anrichten

▪ Erdbeeren und Topfennocken auf flache oder tiefe Teller oder alternativ in eine Schale geben. Die Gratinmasse darüber verteilen und 2–3 Minuten im heißen Ofen backen.

Tipp

*Die Gratinmasse lässt sich auch gut für jede andere Art von Früchten oder Kompott verwenden. Variieren Sie das Rezept je nach Obstsaison und verwenden Sie stets reife, aromatische Früchte.

Gratinierte Zitronencreme

Limettenschale
Zitronensaft
Eiweiß
Kiwi
Erdbeeren

Gratinierte Zitronencreme

Zubereitungszeit: 2 Stunden

Zutaten für 6 Portionen

2 **Blatt** Gelatine
abgeriebene Schale und Saft von **3** Biolimetten
Saft von **3** Zitronen
180 g Zucker
2 Eier
1 Eigelb
100 g Butter
4 Eiweiß
4 EL Puderzucker
1 Kiwi
3 Erdbeeren

Zubereitung

- Die **Gelatine** in Wasser einweichen.
- **Limettenabrieb** und **-saft** sowie den **Zitronensaft** mit 100 g **Zucker** aufkochen lassen. **Eier** und **Eigelb** hinzufügen und in einem warmen Wasserbad wie eine Sabayon aufschlagen. Die eingeweichte Gelatine hinzufügen.
- Die **Butter** in Würfel schneiden und in die noch heiße Sabayon einrühren.
- **Eiweiß** mit dem restlichen **Zucker** zu steifem Schnee schlagen und unterheben.
- Die Masse in sechs Aluringe füllen. Mit dem **Puderzucker** à la minute gratinieren.* Mindestens 2 Stunden kalt stellen, nach Möglichkeit kurz anfrieren lassen.
- **Kiwi** schälen und in kleine Würfel schneiden. **Erdbeeren** waschen, den Stiel und das Kelchblatt entfernen und die Früchte ebenfalls klein würfeln.

Anrichten

- Die Zitronencreme in der Mitte eines flachen Tellers anrichten und mit den Kiwi- und Erdbeerwürfeln dekorieren.

Tipp

* Die Zitronencreme am besten wie auf den Fotos im Metallring gratinieren. Er schützt die Creme und sie zerläuft nicht so schnell. Am besten friert man die Creme eine halbe Stunde an, bevor man sie abflämmt. Reste der Creme lassen sich sehr gut einfrieren und zu einer anderen Gelegenheit als Parfait servieren.

151

Grundrezepte und Basiswissen

153

Fonds und Soßen

Brühe — Eine gute Brühe ist wohltuend für Leib und Seele. Und sie ist die Basis für viele Suppen und Soßen. Auch wenn die Lebensmittelindustrie inzwischen viele Instantbrühen und Fertigfonds anbietet – eine selbst gekochte Brühe schmeckt besser und ist bei größerer Menge auch preiswerter. Außerdem weiß man genau, aus welchen Zutaten sie besteht.

Je nach späterem Verwendungszweck wird die Brühe auf der Basis von Gemüse, Pilzen, Geflügel, Fisch, Krustentieren, Rind, Lamm oder Wild gekocht, danach geklärt und bei Bedarf anschließend entfettet. Zwar ist die Zubereitung etwas zeitaufwendig, doch Brühen und Fonds lassen sich gut auf Vorrat kochen und portionsweise einfrieren.

Fond — Als Fond bezeichnet man eine konzentrierte Brühe aus Knochen, Fleisch oder Parüren (kleine Fleischabschnitte, Hautreste und Sehnen, die beim Zurichten von Fleisch abfallen). Beim Fischfond sind es Köpfe und Gräten, die beim Auslösen der Filets vom rohen Fisch übrig bleiben. Aroma bekommt die Brühe durch Wurzelgemüse und Gewürze.

Soll der Fond hell sein, werden die Zutaten zunächst in Fett angedünstet und dann mit kaltem Wasser aufgegossen. Für einen dunklen Fond röstet man die Zutaten in Fett kräftig an, bevor man Wasser und Wein angießt. Alle Fonds werden bei leichter Hitze aufgekocht und sollten wie jede gute Brühe auf dem Siedepunkt nur leise köcheln. Wichtig: so oft wie möglich abschäumen.

Soßen — Soßen sind aus der feinen Küche nicht wegzudenken. Sie runden ein Gericht geschmacklich ab, verfeinern und unterstreichen die verschiedenen Aromen. Einige klassische Soßen wie die Sauce hollandaise und die Sauce Béchamel eignen sich auch hervorragend zum Überbacken von Gemüse, Fisch und Fleisch. Allerdings bräunen sie hauptsächlich und bilden keine dicke Kruste. Dafür sind dann geriebener Käse und Semmelbrösel zuständig, die man vor dem Gratinieren über die Soßen streut oder wie bei der unkomplizierten Käse-Sahne-Soße direkt einrührt.

Geflügelbrühe

Zubereitungszeit: 2 Stunden

Ergibt 4–5 Liter

3 kg Suppenhuhn
3 Zweige Thymian
1 Lorbeerblatt
1 EL weiße Pfefferkörner
1 Bund Suppengrün
(gewaschen und zerkleinert)
1 Zwiebel
(geschält und geviertelt)

Zubereitung

- Das **Huhn** gründlich von innen und außen abspülen und den Bürzel – das ist die Bezeichnung für die Fettdrüse am Schwanz – abschneiden. Bleibt der Bürzel dran, könnte die Hühnersuppe einen etwas tranigen Geschmack bekommen.
- Das Huhn in einen großen Topf geben und so viel kaltes Wasser zugießen, dass das Huhn knapp bedeckt ist. Langsam aufkochen lassen, abschäumen und die **Kräuter** sowie die **Pfefferkörner** zugeben. Etwa 1 ½ Stunden köcheln lassen.
- Nun das **Suppengrün** und die **Zwiebel** zugeben und weitere 30 Minuten köcheln lassen. Dann die Suppe durch ein Sieb passieren.

Tipp

Geflügelbrühe gehört als Vorrat in den Gefrierschrank. Für viele Suppen, helle Gerichte und Soßen ist sie die Basis schlechthin. Sollen Gerichte auch tatsächlich hell bleiben, lässt man das Suppengrün beim Kochen weg. Vor allem durch den Lauch wird die Brühe schnell dunkel. Dadurch würde beispielsweise auch Risotto eher braun und unappetitlich aussehen.

Fischfond

Zubereitungszeit: 45 Minuten

Ergibt 1 Liter

1 kg Fischgräten von Plattfischen
½ Stange Lauch
100 g Fenchel
etwas Olivenöl
8 weiße Pfefferkörner
1 Lorbeerblatt
1 Zweig Thymian
2 Knoblauchzehen (geschält)
4 Schalotten (in grobe Stücke geschnitten)
500 ml Weißwein
250 ml Noilly Prat
10 ml Pastis

Zubereitung

- Die **Fischgräten** so lange wässern, bis sie weiß sind. Die **Gemüse** waschen und zerkleinern.
- Etwas **Olivenöl** erhitzen und die Gemüse mit **Gewürzen**, **Kräutern**, **Knoblauchzehen** sowie **Schalotten** darin dünsten. Dabei aufpassen, dass die Gemüse nicht bräunen. Fischgräten hinzufügen.
- Mit **Wein**, **Noilly Prat** und **Pastis** ablöschen.
- 1 Liter kaltes Wasser angießen und aufkochen lassen. Dann abschäumen und bei leichter Hitze 20 Minuten ziehen lassen.
- Den Fond durch ein Sieb passieren und die Flüssigkeit auf zwei Drittel einkochen lassen.

Tipp

Fischfond kann man natürlich aus jedem Fisch herstellen. Plattfische sind dafür aber am besten geeignet. Lachs und alle Salmoniden schmecken schnell tranig. Von Loup de mer, Dorade, Rotbarbe etc. bekommt man einen eher dunkleren Fond, der sich gut für kräftige Gerichte und die Bouillabaisse eignet.

Kalbsjus/Kalbsfond

Zubereitungszeit: 8 Stunden 30 Minuten

Ergibt 500 ml

- **400 g** Ochsenschwanz
- **500 g** Kalbsschwanz
- **50 g** Karotten
- **50 g** Zwiebeln
- **50 g** Knollensellerie
- **50 g** Lauch
- **2 EL** Pflanzenöl
- **10** weiße Pfefferkörner
- **2 Zweige** Thymian
- **5 Stängel** Petersilie
- **1** Lorbeerblatt
- **50 g** Tomaten
- **30 g** Champignons

Zubereitung

■ Backofen auf 200 Grad Ober-/Unterhitze vorheizen. Die **Knochen*** zerkleinern, Fett und Mark entfernen. Die Knochen auf ein Backblech geben und im heißen Ofen bräunen. Das Fett abgießen und die Knochen in einen großen Topf geben. Mit 5 Litern Wasser übergießen, aufkochen lassen und den Schaum sorgfältig abschöpfen.

■ **Karotte**, **Zwiebel** und **Sellerie** schälen. Den **Lauch** waschen. Anschließend die Gemüse grob zerkleinern. Das **Pflanzenöl** in einem Topf erhitzen und die Gemüse anbraten, bis sie Farbe annehmen. Das Öl abgießen. Gemüse, **Pfefferkörner** und **Kräuter** in die Knochenbrühe geben. **Tomaten** und **Champignons**, grob zerkleinert, dazugeben. Etwa 8 Stunden köcheln lassen und – wenn notwendig – zwischendurch abschöpfen. Verdampft während des Köchelns zu viel Wasser, wieder Wasser auffüllen.

■ Das Ganze durch ein Tuch passieren und kalt stellen. Anschließend das Fett entfernen und die Flüssigkeit auf ein Zehntel einkochen lassen. Eventuell mit etwas Stärkemehl binden.

Tipp

* Die Knochen sollten sehr klein gehackt werden, damit die Oberfläche größer wird. So können sich mehr Röststoffe und somit auch mehr Aroma bilden. Optimal ist Walnussgröße. Hackt man die Knochen jedoch zu klein, verbrennen sie und die Soße wird bitter.

Sauce hollandaise

Zubereitungszeit: 20 Minuten

Ergibt 500 ml

- 1 Schalotte
- 8 EL Weißwein
- 2 EL Weißweinessig
- 5 weiße Pfefferkörner
- 1 Stängel Petersilie
- ½ Lorbeerblatt
- 3 Eigelb
- 300 g Butter
- 1 Spritzer Zitronensaft
- 1 Prise Cayennepfeffer

Zubereitung

- Die **Schalotte** schälen und fein hacken.
- 6 EL Wasser, **Wein, Weißweinessig, Pfefferkörner, Petersilienstängel, Lorbeerblatt** und Schalotten aufkochen lassen und um die Hälfte reduzieren. Dann Pfefferkörner, Petersilienstängel und Lorbeerblatt wieder entfernen.
- **Eigelbe** zugeben und warm (bis auf 72 Grad*) aufschlagen. Die **Butter** klären und auf 70 Grad abkühlen lassen. Zuerst tropfenweise und dann in feinem Strahl zur Eigelbmasse geben. Dabei ständig rühren.
- Zum Schluss mit **Zitronensaft** und **Cayennepfeffer** würzen.

Tipp

*Im Handel gibt es verschiedene Thermometer, um die Temperatur in einem Wasserbad zu messen. Sie heißen Sous-Vide-Thermometer (speziell für das Niedertemperaturgaren und Pochieren), Stabthermometer oder – ganz einfach – Wasserbadthermometer.

Sauce Béchamel

Zubereitungszeit: 10 Minuten

Ergibt 500 ml

30 g Butter
30 g Mehl
500 ml Milch

Zubereitung

- Die **Butter*** in einem Topf zerlassen. **Mehl*** zugeben und etwa 1 Minute schwitzen lassen.
- Nun mit einem Teil der **Milch** aufgießen und rasch mit einem Schneebesen glatt rühren.
- Anschließend den Rest der Milch zugeben und aufkochen lassen.

Die Soße eignet sich hervorragend für Gemüse. Mit 40 g frisch geriebenem Parmesan und einem Eigelb ist sie zum Überbacken von Blumenkohl, Kartoffeln, Nudeln etc. perfekt.

Tipp

*Im Zuge des Kaloriensparens ist man zeitweise dazu übergegangen, bei allen Soßen auf Butter und Mehl zu verzichten und stattdessen Speisestärke zu verwenden. Heute kehrt man zu den klassischen Regeln zurück – ganz nach dem Motto: Weniger ist mehr.

Mayonnaise

Zubereitungszeit: 10 Minuten

Ergibt 500 ml

- **3** Eigelb
- **5 g** Senf
- **1 EL** Weißweinessig
- **4 g** Salz
- **400 ml** Pflanzenöl

Zubereitung

- **Eigelbe**, **Senf**, **Essig**, 1 EL Wasser und **Salz** in einer Schüssel schaumig rühren.
- Das **Pflanzenöl** zuerst tropfenweise, dann in feinem Strahl unter ständigem Rühren zugeben, bis eine feste Mayonnaise* entsteht.

Tipp

*Zugegeben, es gibt durchaus gute Mayonnaisen im Handel. Nichts geht aber über eine selbst hergestellte. Vorausgesetzt, das beste Pflanzenöl wird verwendet. Wichtig auch: Die Temperatur von Eigelb und Öl muss gleich sein.

Käse-Sahne-Soße

Zubereitungszeit: 15 Minuten

Ergibt 500 ml

- **30 g** Mehl
- **30 g** Butter
- **400 ml** Milch (3,5 %)
- **2** Eigelb
- **100 g** Sahne
- **40 g** Parmesan (frisch gerieben)

Zubereitung

- Das **Mehl*** und die **Butter** anschwitzen, ohne Farbe annehmen zu lassen. Mit **Milch** auffüllen und 1–2 Minuten köcheln lassen.
- **Eigelbe** und **Sahne** verquirlen und mit dem **Parmesan** in die heiße Milch geben. Durch ein feines Sieb passieren.

Tipp

*Wer es fettfrei mag, kann statt des Mehls auch Maisstärke verwenden. Sie wird mit einigen Esslöffeln der kalten Milch angerührt und dann in die kochende Milch eingerührt.

Sauce Rouille

Zubereitungszeit: 35 Minuten

Ergibt 500 ml

- 2 rote Paprikaschoten
- 2 Eier
- 1 TL Senf
- 2 Knoblauchzehen (geschält und zerdrückt)
- 1 EL Zitronensaft
- 1 Prise Safranpulver
- 2 Spritzer Tabasco
- etwas Salz
- 200 ml Maiskeimöl
- 200 ml Olivenöl (Extra Vergine)

Zubereitung

- Den Backofen auf 165 Grad Ober-/Unterhitze vorheizen. **Paprikaschoten** halbieren, entkernen, waschen und im heißen Ofen etwa 25 Minuten garen. Die danach schwarze Haut entfernen.
- **Eier**, **Senf**, **Knoblauch**, **Zitronensaft**, **Safran**, **Tabasco**, **Salz** und Paprika in ein Gefäß geben. Mit dem Thermomix oder dem Stabmixer zuerst auf kleiner Stufe pürieren. Anschließend auf großer Stufe in feinem Strahl die beiden **Ölsorten** hinzufügen und so lange pürieren, bis eine homogene, glatte Emulsion entstanden ist.

Fischvelouté

Zubereitungszeit: 20 Minuten

Ergibt 500 ml

- 30 ml Noilly Prat
- 50 ml Weißwein
- 200 ml Fischfond
- 100 g Sahne
- 50 g Crème fraîche
- ½ Biolimette
- 1 Msp. Knoblauch (frisch gehackt)
- 2 Prisen Salz
- 2 Prisen Cayennepfeffer
- ½ TL Maisstärke
- 30 g Butter

Zubereitung

- **Noilly Prat** und **Weißwein** in einem Topf erhitzen und um die Hälfte reduzieren.
- **Fischfond** angießen und auf 100 ml reduzieren lassen. **Sahne**, **Crème fraîche**, **Limette**, **Knoblauch**, **Salz** und **Cayennepfeffer** hinzufügen. 10 Minuten ziehen lassen.
- Die Limette wieder entfernen. **Maisstärke** mit kaltem Wasser glatt rühren, an die Soße geben und unter Rühren aufkochen lassen.
- Die **Butter** einmixen und nochmals mit Salz und Cayennepfeffer abschmecken.

Eingelegte Zitronen

Zubereitungszeit: 15 Minuten + 4 Wochen Ziehzeit

Für 1 großes Vorratsglas (750 ml–1 Liter)

7 EL grobes Meersalz
7 Biozitronen
3 Sternanise

Zubereitung

- 1 TL **Meersalz** auf den Boden eines sauberen Glases geben.
- 1 **Zitrone** über einem tiefen Teller dreimal der Länge nach tief einschneiden, jedoch nicht durchschneiden. Die Kerne entfernen und 1 TL Meersalz in die Mitte der Zitrone geben. Die Zitronensechstel zusammendrücken. Mit den restlichen Zutaten genauso verfahren.
- Zitronen dicht an dicht in das Glas schichten. **Sternanise** hinzufügen und mit dem aufgefangenen Saft übergießen. Mit restlichem Salz bestreuen und mit kochendem Wasser auffüllen.
- Das Glas fest verschließen. An einem warmen Ort die Zitronen mehrere Wochen ziehen lassen.

Ausbackteig

Zubereitungszeit: 5 Minuten

Ergibt 200 g

2 Eier
etwas Salz
200 ml Weißwein oder Bier
200 g Mehl
30 g flüssige Butter

Zubereitung

- Die **Eier** trennen. Die Eigelbe mit etwas **Salz** verquirlen. Den **Wein** oder das **Bier** etwas salzen, das **Mehl** hinzufügen und quellen lassen.
- Das Eiweiß zu steifem Schnee schlagen.
- Die **Butter** sorgfältig unterrühren und den Eischnee unterheben.

Krusten und Panaden

In der Küchensprache spricht man immer dann von einem **Gratin**, wenn ein Gericht bei großer Oberhitze im Ofen mit Käse, Sahne, Semmelbröseln oder Mie de pain und/oder Butterflocken überbacken wird. Dabei bildet sich eine leckere, goldbraune, knusprige Kruste. Natürlich bekommen viele Gerichte während des Backens im Ofen ganz von selbst eine appetitliche Oberfläche. Ohne die Zugabe von Fett werden sie aber niemals eine schöne Kruste bekommen, sondern höchstens eine trockene Haut.

Sowohl für den Geschmack als auch für die Optik gratiniert man deshalb Fisch, Fleisch, Gemüse und Aufläufe. Auf die Oberfläche der bereits vorgegarten Gerichte kommen zusätzlich fettreiche Substanzen, bevor sie bei hoher Temperatur überbacken oder unter dem Grill gratiniert werden. Dabei muss es nicht immer eine Sahne- oder Käsesoße sein. Für eine leckere Kruste kommen auch Käse, Butterflöckchen oder eine Chapelure infrage, die ohne zusätzliche Flüssigkeit auf das jeweilige Gericht gegeben werden.

Ideal zum **Überbacken** von größeren Fleischstücken wie beispielsweise Lammkeulen oder saftigen Aufläufen sind Mischungen aus Mie de pain, Butter und Ei oder fein gehackten Kräutern und Gewürzen, die über das Gericht gestrichen oder gestreut werden. Mie de pain besteht aus frischem, entrindetem, feinkrümelig geriebenem Weißbrot. Es ist nicht nur heller, sondern auch weicher und geschmacklich feiner als Semmelbrösel.

Eine Sonderstellung nimmt der Eischnee ein, die einzige Masse, mit der man Gerichte ohne Fett überbacken kann. Für **süße Gratins** wird er mit Zucker und häufig auch mit gehackten oder geriebenen Nüssen vermengt oder mit Mandelblättchen bestreut.

Als **Panade** bezeichnet man ein Lockerungs- oder Bindemittel für Fleisch-, Geflügel- oder Fischfüllungen. Einfache Panaden werden aus in Milch oder Sahne eingeweichten Weißbrotkrumen hergestellt, die mit Gewürzen verfeinert sind. Mehlpanade besteht aus Mehl, Butter, Wasser und Salz, Frangipane-Panade aus Eigelb, Milch, Butter, Mehl und Gewürzen. In der Alltagssprache wird Panade oft mit Panierung verwechselt, einer Umhüllung aus Mehl, Ei und Semmelbröseln, die Lebensmittel umschließt und beim Braten saftig hält.

Kruste

Zubereitungszeit: 5 Minuten

Für 4 Portionen

100 g Butter
2 ½ g Salz
1 Eigelb
100 g Mie de pain

Zubereitung

■ **Butter**, **Salz**, **Eigelb** und **Mie de pain** fein cuttern.

Tipp

Dieses Rezept lässt sich unter anderem mit Kräutern, Senf, Rotweinschalotten und Meerrettich raffiniert abwandeln und verfeinern.

Chapelure

Zubereitungszeit: 5 Minuten

Für 8 Portionen

½ Weißbrot
1 Knoblauchzehe
2 Stängel krause Petersilie
2 Zweige Thymian
etwas Salz

Zubereitung

■ Das **Weißbrot** entrinden und anschließend trocknen lassen. Die **Knoblauchzehe** schälen und fein hacken. Die Blätter von den **Petersilienstängeln** zupfen und fein hacken. Die **Thymianblättchen** von den Zweigen zupfen. Alles fein in einer Moulinette mixen. Mit **Salz** würzen.

Tipp

Wenn das Weißbrot schnell trocknen soll, kann man es bei 50 Grad in den Ofen schieben.

Eiweiß zum Überbacken

Zubereitungszeit: 5 Minuten

Für 4 Portionen

2 Eiweiß
70 g Zucker
1 Eigelb
etwas Zitronensaft

Zubereitung

■ Das **Eiweiß** mit dem **Zucker** zu Schnee schlagen und unter das **Eigelb** ziehen. Mit etwas **Zitronensaft** würzen.

Tipp

Mit Eiweiß können Sie nicht nur Desserts, sondern auch helles Fleisch überbacken. Dann wird aber kein Zucker verwendet.

1.1–1.3 Kräuterkruste als Rolle verarbeiten, kalt stellen und in Scheiben schneiden.
2.1–2.3 Kräuterkruste im Gefrierbeutel ausrollen und mit Formen ausstechen.

Kleine Käsekunde

Die Vielfalt ist es, die Käse zu einem der spannendsten Nahrungsmittel überhaupt macht, eines der ältesten, haltbaren ist es ohnehin. Dabei nimmt der Kuhkäse den ersten Platz ein, schon allein, was seinen Anteil an der Gesamterzeugung betrifft. Betrachtet man die Geschichte der Käseerzeugung, ist der Kuhkäse ein relativ junges Produkt. Denn Schafe und Ziegen wurden bereits 3.000 Jahre vor dem Rind domestiziert und ihre Milch hat man verarbeitet.

Ausgangspunkt für jeden Käse ist und bleibt die Milch. Dazu kommen je nach Käsesorte tierisches oder pflanzliches Lab, Kochsalz und Reifungskulturen wie Edelschimmel, Käserotflora oder Hefen. Ob die Kühe im alpenländischen Allgäu oder in der salzigen Meeresluft Schottlands grasen, welches Futter sie erhalten und zu welcher Jahreszeit ihre Milch verarbeitet wird: All das spielt eine wichtige Rolle für den späteren Charakter eines Käses.

Eines haben alle guten Käse gemeinsam: Sie sind mit viel handwerklichem Können und Sorgfalt gemacht. Und guter Käse erfordert bei der Herstellung Zeit. Um Aroma und Duft zu gewinnen, muss er außerdem in Ruhe atmen und reifen können.

In der Küche bedeutet Käse Vielfalt. Ob als Suppe, Soße oder leckere Kruste von Aufläufen und Gratins: Käse brilliert in jeder Rolle. Dabei hat jede Sorte ihren eigenen Charakter. Mild oder herb, kräftig oder zart, feinschmeckend oder cremig. Für Gratins eignen sich am besten Käse mit einem höheren Fettanteil. Dabei muss es nicht immer ein frisch gekauftes Stück sein. Man kann auch verschiedene Sorten von Käseresten mischen. Das verleiht den Gerichten eine besondere Note. Tipp: Direkt aus dem Kühlschrank lässt sich der Käse leichter reiben und zerbröselt nicht.

Käse besteht aus Milcheiweiß, Fett und Wasser. Wird er erhitzt, verdampft das Wasser, das Fett wird flüssig. Das Milcheiweiß geht mit dem Fett eine chemische Reaktion ein, die sogenannte Maillard-Reaktion. Dabei bilden sich dunkle Pigmente, die für eine knusprig braune Kruste sorgen. Außerdem entstehen zahlreiche Aromastoffe, die der Käsekruste ihren typischen Geschmack und Duft verleihen.

A Emmentaler B Gruyère/Greyerzer C Mozzarella D Parmesan E Raclette F Roquefort

Käse schmelzen

Die Entscheidung, welchen Käse man am besten zum Überbacken nimmt, ist angesichts der Vielfalt des Käsesortiments nicht ganz einfach. In erster Linie ist natürlich der Geschmack wichtig. Dabei spielen auch eigene Vorlieben eine Rolle. Dazu kommt, dass der gleiche Käse je nach Alter und Hersteller ganz andere Eigenschaften besitzt. Gerade bei Gouda, Mozzarella und Emmentaler sind die qualitativen und sensorischen Unterschiede oft gewaltig.

Neben persönlichen Geschmacksvorlieben gibt es einige grundlegende Kriterien, die man bei der Käsewahl beachten sollte:

- Der Käse sollte den Geschmack der Speise nicht überlagern, sondern unterstreichen. Für Gemüse eignet sich ein milder Käse wie Mozzarella oder Gouda, für kräftige Fleischgerichte darf es ein würziger Greyerzer oder Emmentaler sein.
- Weichkäse zerlaufen beim Erhitzen am schnellsten. Dafür lassen sie sich aber schlecht reiben. Junger, weicher Käse schmilzt besser als lange gereifte, harte Käsesorten, die sich weniger zum Überbacken eignen. Bei sehr altem Käse trennt sich beim Erhitzen sogar das Fett von der Käsemasse.
- Ideal schmilzt beispielsweise Mozzarella, der genau zwischen Frischkäse und Weichkäse liegt. Er behält beim Schmelzen weitgehend seine Form und verläuft nicht komplett. Feta hingegen wird zwar heiß, aber zerläuft so gut wie gar nicht.
- Käse mit einem hohen Fettgehalt verlaufen besser und schneller als fettärmere. Light-Produkte eignen sich nicht zum Gratinieren, sie werden beim Erhitzen oft zäh und trocken.
- Roquefort hat einen intensiven, pikanten Geschmack und gibt den Speisen ein interessantes Aroma. Zum Gratinieren ist er aber wegen seines hohen Wasseranteils, der beim Schmelzen austritt, nur bedingt geeignet.

Am besten macht man von seinem Käsefavoriten zunächst eine Schmelzprobe, wie es auf den Bildern zu sehen ist, und verkostet ihn anschließend. Vorsicht! Die Hitze beim Überbacken darf nicht zu hoch sein, sonst verbrennt der Käse und schmeckt bitter.

Käsesorten

Feta (g. U.)
: **Traditioneller griechischer Tafelkäse** mit EU-weit geschützter Ursprungsbezeichnung (g. U.). Der rein weiße, leicht krümelige Käse wird aus pasteurisierter Ziegen- und Schafsmilch und tierischem Lab hergestellt. Er reift ohne Rinde mindestens zwei Monate in Salzlake und hat einen ausgeprägten, mild-würzigen Geschmack. Fettgehalt: 43–40 % Fett i. Tr.

Parmesan/Parmigiano-Reggiano (g. U.)
: Feinkörniger, heller bis strohgelber, bröckeliger **Extrahartkäse** mit harter, trockener Naturrinde. Der aus Kuhmilch und tierischem Lab hergestellte Parmesan aus der italienischen Region Emilia-Romagna hat je nach Reifegrad einen delikaten, angenehm würzigen Geschmack. Frisch gerieben entfaltet sich sein Aroma am besten. Fettgehalt: 32 % Fett i. Tr.

Pecorino
: **Italienischer Hartkäse**, der traditionell auf Sardinien aus Schafsmilch und tierischem Lab hergestellt wird. Der feinkörnige, hellgelbe und leicht bröckelige Käse mit trockener Naturrinde reift mindestens drei Monate. Je nach Reifegrad hat er ein mild-süßliches bis leicht pikantes, kräftiges Aroma. Fettgehalt: 50 % Fett i. Tr.

Mimolette
: **Runder, französischer Hartkäse** aus pasteurisierter Kuhmilch. Der orangefarbene, kompakte Schnittkäse wird seit seiner Einführung unter Ludwig XIV. mit dem natürlichen Pflanzenfarbstoff Annatto orange gefärbt, damit er sich schon auf den ersten Blick vom holländischen Gouda unterscheidet, dem er nachempfunden wurde. Mimolette schmeckt fein-nussig und wird in verschiedenen Reifestufen angeboten. Fettgehalt: 40 % Fett i. Tr.

Roquefort (g. U.)
: Französischer **Blauschimmelkäse** aus Schafsrohmilch, der nur in den natürlichen Felsenkellern des Mont Combalou mindestens fünf Monate gereift werden darf. Der cremige, bröckelige Käseteig ist mit blaugrünen Schimmeladern durchsetzt und hat einen charakteristischen Geschmack mit salzig-bitteren und süßen Noten. Fettgehalt: 50 % Fett i. Tr.

Mozzarella
: Der beliebte **Pasta-Filata-Käse** (Knetkäse) aus Italien gehört zu den Frischkäsen. Echter Mozzarella di Bufala (g. U.) wird aus pasteurisierter Büffelmilch hergestellt und in Molke schwimmend angeboten. Sein weicher, weißer Teig hat eine sehr dünne, elastische, weiße Haut. Er schmeckt frisch, leicht säuerlich und hat eine süße Note. Wegen der großen Nachfrage gibt es inzwischen preisgünstigere Sorten aus Kuhmilch, die geschmacklich aber nicht an das Original heranreichen. Fettgehalt: mindestens 50 % Fett i. Tr.

A Feta B Parmesan C Pecorino D Mimolette E Roquefort F Mozzarella

176

A Brauner Zucker   B Karamellzucker   C Dekorzucker   D Muscovadozucker   E Puderzucker   F Minzzucker

Zucker karamellisieren

Kristallzucker beginnt bei einer Temperatur von 135 Grad zu schmelzen. Diese noch farblose Vorstufe zum Karamell nennt man „kleiner Bruch". Wird er bis auf 150 Grad gekocht, entsteht „großer Bruch", der in abgekühltem Zustand wie Glas bricht und nicht mehr klebt. Bei rund 160 Grad verändert er Farbe und Aroma, er verwandelt sich in Karamell. Dieser ist zunächst hellgelb, wird aber wegen der hohen Temperatur sehr schnell dunkel und damit bitter. Deshalb sollte man beim Karamellisieren konzentriert und zügig arbeiten. Sobald der Karamell die gewünschte Farbe hat, muss man Topf oder Pfanne vom Herd nehmen.

Zuckersorten

- Kristallzucker, auch Raffinade, Haushaltszucker oder Saccharose genannt, ist weißer Zucker, der aus Zuckerrüben oder Zuckerrohr gewonnen wird. Der sogenannte Zweifachzucker, der sich zu gleichen Teilen aus Traubenzucker (Glukose) und Fruchtzucker (Fruktose) zusammensetzt, wird in verschiedenen Sorten und Körnungen angeboten, zum Beispiel als:
    - Hagelzucker: hagelkorngroßer Zucker aus granulierter Raffinade.
    - Puderzucker: sehr fein gemahlener, raffinierter Zucker mit puderähnlicher Konsistenz.
    - Süßer Schnee: ähnlich wie Puderzucker, aber nicht ganz so süß. Selbst bei hoher Luftfeuchtigkeit löst er sich nicht auf.
- Brauner Zucker ist auskristallisierter, leicht klebriger Zucker, bei dem noch ein Teil der Melasse an den Kristallen haftet und ihnen eine braune Farbe gibt. Er ist etwas aromatischer als weißer Zucker und hat einen leicht malzigen Karamellgeschmack.
- Als Demerarazucker bezeichnet man einen hellbraunen, nicht raffinierten Haushaltszucker mit leicht karamelligem Geschmack. Er wird aus Zuckerrohr gewonnen und weist einen relativ hohen Melassegehalt auf.
- Muscovadozucker ist ein unraffinierter, weicher, brauner Zucker aus Zuckerrohr mit hohem Melasseanteil. Wegen seines nussigen, intensiv süßen Karamellaromas eignet er sich vor allem für Süßspeisen, Desserts und Gebäck.
- Rohrzucker, ein hellbrauner Haushaltszucker, wird aus Zuckerrohr gewonnen, wobei der eingedampfte Zuckersaft nur einmal mit Wasser raffiniert wird.
- Daneben gibt es farbige Zuckersorten, die häufig für Dekorationen genutzt werden: Erdbeerzucker, Minzzucker sowie Dekorzucker.

Dekotipps
Augenschmaus und Gaumenkitzel

Wie bei allen sinnlichen Genüssen ist auch beim Essen die Art der Präsentation und die Verzierung wichtig. Wer dekorativ anrichten will, kommt am Backen kaum vorbei. Natürlich gibt es in jedem Supermarkt fertige herzhafte Gebäckteile zu kaufen, die auch optisch den Appetit anregen. Aber kulinarisch steht Selbstgebackenes immer noch an erster Stelle. Rund, quadratisch oder eckig, gewellt, gerollt oder gefaltet, mit würzigem Käse oder aromatischen Kräutern verfeinert – der Fantasie sind kaum Grenzen gesetzt.

Die beliebteste Dekoration für Cremesuppen, feine Vorspeisen und Gerichte mit hellen Sahnesoßen sind Fleurons, kleine Blätterteighalbmonde oder -dreiecke. Frisch gebacken schmecken sie natürlich am besten. Doch man kann sie sehr gut auf Vorrat backen, nach dem Auskühlen einfrieren und später bei Bedarf einfach noch einmal kurz aufbacken. Das gilt auch für die beliebten dünnen Blätterteigstangen, die in der klassischen Küche als Allumettes (wörtlich: Streichhölzer) bezeichnet werden.

Nichts gegen fertig gekauften Blätterteig. Er ist praktisch und für viele Zwecke ausreichend. Nur darf man von dem handelsüblichen Margarineteig nicht erwarten, dass er mehr ist als eine geschmacksneutrale Unterlage für die übrigen Zutaten. Beim „echten" Blätterteig wird die Butter in einen festen Wasser-Mehl-Teig eingearbeitet. Durch das wiederholte Zusammenklappen und Ausrollen entstehen viele Mehl- und Butterschichten. Beim Backen schmilzt die Butter. Das darin enthaltene Wasser verdampft und treibt die Mehlschichten auseinander – in einzelne, feine, knusprige Blätter.

Zugegeben, Blätterteig ist nicht gerade im Handumdrehen zubereitet. Wird er mit frischen Kräutern oder besonderen Käsesorten kombiniert oder möchte man ihm eine besondere Form geben, kommt man ums Selbermachen kaum herum. Wirklich schwierig ist es nicht, eher langwierig, zeitaufwendig. Dafür kann dann aber auch kein fertig gekauftes Gebäck mit dem Ergebnis mithalten.

Auflaufformen
Vom Ofen auf den Tisch

Um Speisen im Ofen zu überbacken oder unter dem heißen Grill zu gratinieren, braucht man spezielle Formen, die gute Wärmeleiter sind und hohe Temperaturen vertragen. Glasierte Keramikgratinformen und spezielle Glasformen sind so robust, dass man sie sogar aus dem Gefrierschrank direkt in den heißen Backofen stellen kann. Bunte Formen sind auch auf dem Tisch ein echter Hingucker, denn meist werden Auflauf und Gratin in der heißen Form serviert.

Auflauf- oder Backformen gibt es rund, rechteckig oder oval. Sie sollten aus hochwertigen Materialien wie Porzellan, Keramik oder feuerfestem Glas sein. Welche Form, Farbe und Größe und welches Material man wählt, hängt von den Speisen und dem persönlichen Geschmack ab. Generell gilt: Die Speise bestimmt die Auflaufform und -größe. Für die allseits beliebte Lasagne muss sie beispielsweise so hoch sein, dass vier oder fünf Schichten hineinpassen.

Die klassische **Gratinform** ist oval und flach, damit die Speisen oben im Backofen dicht unter den Grillstäben stehen können. Sie hat bogenförmige Griffe, die in den nach außen gebogenen Rand übergehen. Rechteckige Formen haben den Vorteil, dass sie den Platz im Backofen optimal nutzen. Sie sind ideal, wenn es bei einem Gericht vor allem auf eine möglichst große knusprige Oberfläche ankommt. Hohe Formen – ob rechteckig oder rund – eignen sich zum Überbacken von Nudel- und Gemüseaufläufen. Hier geht es vor allem darum, das Gericht unter der leckeren Kruste saftig zu halten.

Für **Soufflés** gibt es spezielle Formen aus Keramik oder Porzellan. Sie speichern die Wärme sehr viel länger als beispielsweise Glasformen. So fallen die Soufflés nach dem Backen nicht so schnell zusammen. Beim Kauf sollte man darauf achten, dass die Formen innen einen ganz glatten und senkrechten Rand haben, sonst kann die Soufflémasse nicht gleichmäßig aufgehen.

Anhang

183

Glossar

À la minute Pünktlich, auf die Minute genau. Beim Planen eines Menüs werden hier die Speisen erst direkt vor dem Servieren fertiggestellt.

Au four 1. „Aus dem Ofen." 2. Eine feststehende Garnitur. 3. Mit Ragout fin im Ofen überbacken.

Bamberger Hörnchen Festkochende und unter Feinschmeckern beliebte Kartoffel mit einer gelbrosa Schale. Würziger Geschmack.

Beaujolais Beaujolais gehört mit zur Weinbauregion Burgund. Der Wein hat aber einen eigenen Charakter und wird wegen seiner Farbe gern für Soßen eingesetzt.

Beerenauslese Beerenauslese ist ein Qualitätswein. Die Beeren dafür werden vollreif mit einer Edelfäule geerntet und bekommen dadurch eine höhere Natursüße.

Black-Bean-Paste Sehr kräftig schmeckende Paste aus vergorenen schwarzen Bohnen, getrocknetem Knoblauch, Sojabohnenöl, Sojasoße und Reiswein.

Blanchieren Blanchieren kommt von frz. blanc → weiß. Weiß machen oder weiß kochen. Ursprünglich beim Abkochen von Rinderknochen für Brühen: Nach dem Blanchieren wurden die Knochen und das anhängende Fleisch weiß. Heute vorwiegend für kurzes Garen von Gemüse und Obst in Wasser verwendet.

Butterschmalz Butterschmalz → geklärte Butter. Butter hat 80% Fett und 20% Wasser (Molke). Beim Kochen der Butter verkocht das Wasser und die klare Butter entsteht. Nach dem Klären ist sie höher erhitzbar und verbrennt nicht mehr so schnell.

Crème fraîche Eine saure Sahne mit mindestens 30% Fett. Sie ist dadurch kochstabil und gerinnt nicht beim Erhitzen.

Crêpes Frz. crêper → kräuseln; hauchdünne Pfannkuchen aus Mehl, Milch und Ei.

Crostini Dünne, gebackene oder geröstete Brotscheiben, die man gratiniert, mit Cremes oder Pürees bestreicht oder nach Belieben belegt.

Cuttern Zerkleinern, vermischen.

Filetieren 1. Das Herauslösen der Filets/Gräten beim Fisch. 2. Das Zerlegen von Fleisch und Befreien von Haut, Knochen und Sehnen. 3. Bei Zitrusfrüchten das Entfernen der Zwischenhäute.

Grand Marnier Ein 40%iger französischer Likör aus Bitterorangen und Cognac.

Hokkaidokürbis Eine kleine, orangerote und etwa 1 kg schwere Kürbisart aus Japan mit dünner Schale, die bei der Vorbereitung nicht geschält werden muss.

Jaipur-Curry Eine milde Variante. Angenehm frisch. Die Gewürzmischung wird gern für Aufläufe, Gemüse- und Fischgerichte verwendet.

Glossar

Kaffirlimette Sehr saftarme Limette, die aber ein sehr feines Aroma hat. In der Küche finden die Schale oder die Blätter Verwendung.

Lab Ein Enzym in der Schleimhaut des Labmagens von milchtrinkenden Säugetieren. Bei der Käseherstellung wird der Milch Lab zugesetzt, um die Gerinnung zu beschleunigen. Da nahezu jeder Käse Lab enthält, ist er für Vegetarier ungeeignet. Vegetarier müssen darauf achten, dass der Käse die Bezeichnung „labfrei" enthält.

La ratte Eine französische, sehr kleine, festkochende Kartoffelsorte von sehr gutem Geschmack. Unter Kennern ist sie äußerst beliebt. Sie wird auch „speckige Kartoffel" genannt.

Medaillons Ursprünglich eine aus dem Filetmittelstück geschnittene runde Scheibe. Heutzutage nicht mehr unbedingt aus dem Filet, sondern oft auch aus dem Rücken oder der Hüfte.

Mie de pain Helles Paniermehl ohne Rinde (frz. pain de mie → Weißbrot).

Moulinette Lebensmittelzerkleinerer.

Nappieren Frz. napper → überziehen, bedecken, zum Beispiel mit einer Soße.

Parieren Das Entfernen von Haut, Sehnen und Fett bei Fleischstücken.

Pariser Ausstecher Kugelausstecher.

Pastis 40–45 %ige Spirituose mit Anisgeschmack.

Polenta Maisgrieß.

Quatre épices Frz. quatre → vier, épices → Gewürze. Eine Gewürzmischung, die ursprünglich aus Pfeffer, Muskat, Ingwer und Nelken bestand. Mittlerweile gibt es Varianten mit mehr als diesen vier Gewürzen.

Ricotta Italienischer grobkörniger Frischkäse.

Sabayon Über einem warmen Wasserbad aufgeschlagene Eiercreme, die je nach Verwendung süß oder salzig-pikant ist.

Sardellen Sehr kleiner, heringsartiger Fisch; auch unter dem Namen „Anchovis" bekannt. Meistens werden die 10–20 cm langen Fische gesalzen und konserviert angeboten.

Tonkabohne Ein schrumpliger, mandelähnlicher Samen, der vorwiegend in Südamerika angebaut wird. Sehr aromatisch und kann deshalb sparsam verwendet werden. Vanille- bzw. waldmeisterähnlicher Geschmack.

Verveine Zitronenduftstrauch oder auch Zitronenverbene. Ein aromatisches Eisenkrautgewächs.

Dank

Danke möchte ich zuerst all denen sagen, die mich dazu inspiriert haben, die Rezepte in diesem Buch zu entwickeln. Dazu zählen unter anderem, aber in erster Linie meine Lehrmeister Manfred Jungen, Helmut Ammann, Alfred Friedrich, Bernhard Diers, Heinz Winkler, Eric Fréchon und Christian Constant. Sie haben mich und meine Arbeit geprägt – und ihnen verdanke ich meinen Küchenstil.

Besonderen Dank schulde ich Anja, die mich auch beim Schreiben der Rezepte unterstützt hat. Ebenso Marcel mit seinen kreativen Ideen. Viele Stunden hat er für die Vorbereitung, das Kochen und Anrichten der Gerichte investiert. Und natürlich Danke an mein Küchenteam mit Hannah und Robert. Die beiden sind es, die mir den Rücken freihalten. Ein herzliches Danke an Dich, Karsten. Seit vielen Jahren bist du es, der mich immer wieder fördert. Ich schätze vor allem deine konstruktive Kritik, die mich täglich anspornt, für unsere Gäste das Beste zu geben.

Zum ersten Mal arbeitete ich für ein Buch mit Hubertus, dem Mann, der die Rezepte dieses Buches so fantastisch ins Bild gesetzt hat, und Benedikt, der rechten Hand von Hubertus. Es war eine großartige, eine wunderbare Erfahrung, eine Zusammenarbeit, die in jeder Weise sinnstiftend war. Danke euch beiden und Tim, der die Bilder überarbeitet hat.

Und last, but not least: Lieben Dank an Ria, die, wie schon bei meinen letzten Büchern, auch diesem Buch wieder eine schöne Form gegeben hat. Sie schafft es, aus mir in kurzer Zeit das Optimale herauszuholen.

Und ein Dankeschön an den Becker Joest Volk Verlag, der das Erscheinen dieses Buches ermöglicht hat. Danke für die in jeder Weise gute Zusammenarbeit.

Achim Schwekendiek

Register

Auflauf von Mittelmeerfischen 79

Blätterteigstangen, überbackene,
    mit Curry-Ricotta-Dip 110
Bouillabaisse von Süßwasserfischen 38

Carpaccio vom Rind mit überbackenen
    Pecorino-Cannelloni 26
Chicorée, überbackener, mit Orangen
    und Piemonteser Nocken 127
Crêpes, überbackene, mit grünem Spargel 114
Crostini mit Thunfisch, Tomate
    und Blattspinat 31

Geflügelleberparfait, gratiniertes,
    mit Pfefferkaramell 14

Heilbuttfilets unter der Spargelkruste
    mit Rotweinschalotten 70

Jakobsmuscheln, gratinierte 19

Kalbsmedaillons, gratiniert mit
    Parmesan und Ei 105
Kalbssteak au four 84
Kirschsüppchen, überbackenes,
    mit Tonkabohnenmousse 137
Kürbis-Paprika-Suppe, gratiniert
    mit Ingwersahne 51

Lachs unter der Meerrettichkruste
    mit Rotweinspinat 74

Lammkeule mit Chapelure überbacken 91

Muschelragout, überbackenes,
    im mediterranen Sud 62

Ofenkartoffeln, gratinierte,
    mit dreierlei Füllungen 122

Quarkauflauf mit Pfirsichen und Verveine 140

Rehrücken, mit Honigbrot gratinierter,
    und orientalischer Rotkohl 94
Rinderfilet unter der Pfefferkruste
    mit Kartoffelplätzchen 100

Saiblingsfilet, mit Kräutern gratiniertes,
    auf Apfel-Meerrettich-Vinaigrette 22
Schollenfilets, mit Krabben überbackene,
    auf geschmortem Feldsalat 67
Steinpilzcremesuppe, gebackene 42
Steinpilzravioli, gratinierte,
    mit Hüttenkäse und Zucchini 119

Topfennocken mit Erdbeeren 144
Topfenpalatschinken 132

Zitronencreme, gratinierte 149
Zitronengrassüppchen
    mit gratiniertem Garnelenspieß 54
Zwiebelsuppe, gratinierte 47

Grundrezepte

Ausbackteig 165
Chapelure 168
Eiweiß zum Überbacken 168
Fischfond 157
Fischvelouté 164
Geflügelbrühe 156
Kalbsjus/Kalbsfond 158
Käse-Sahne-Soße 163
Kruste 168
Mayonnaise 162
Sauce Béchamel 161
Sauce hollandaise 160
Sauce Rouille 164
Sauce Choron 116
Sauce maltaise 116
Zitronen, eingelegte 165

Basiswissen

Auflaufformen 181
Backformen 181
Blätterteig 112, 178
Dekorzucker 176 f.
Dekotipps 178
Demerarazucker 177
Emmentaler 172 f.
Erdbeerzucker 177
Feta 173 ff.
Gouda 173
Gratinformen 181
Greyerzer
    siehe Gruyère
Gruyère 172 f.
Hagelzucker 177
Haushaltszucker 177
Käse schmelzen 173
Käsekunde, kleine 170 ff.
Karamellisieren 177
Karamellzucker 176
Kristallzucker 177
Mimolette 174 f.
Minzzucker 176 f.
Mozzarella 172 ff.
Muscovadozucker 176 f.
Parmesan 172 ff.
Parmigiano-Reggiano
    siehe Parmesan
Pecorino 174 f.
Puderzucker 176 f.
Raclette 172 f.
Raffinade 177
Rohrzucker 177
Roquefort 172 ff.
Saccharose 177
Schnee, süßer 177
Soufflés 181
Zucker karamellisieren 177
Zucker, brauner 176 f.

In dieser Reihe sind bisher erschienen ...

Kalte Küche

Warme Küche

Party

Desserts

Salate

Gratinieren

... und für unsere Kleinsten

Gourmini

Impressum

Originalausgabe Becker Joest Volk Verlag
© 2013 – alle Rechte vorbehalten
1. Auflage September 2013

ISBN 978-3-938100-92-9

Rezepte, Foodstyling: Achim Schwekendiek
Projektmanagement: Ria Lottermoser
Food-Fotografie: Hubertus Schüler
Step-Fotografie: Benedikt Koester
Fotoassistenz: Tim Wachnowski
Layout und Satz: Elisabeth Petersen
Bildbearbeitung und Lithografie:
Makro Chroma Joest & Volk OHG, Werbeagentur, Hilden
Text: Ingeborg Pils
Lektorat: Ria Lottermoser, Doreen Köstler
Druck: Firmengruppe APPL, aprinta druck GmbH, Wemding, Deutschland

Praktisch: Die Einkaufslisten zu den Rezepten aus diesem Buch können Sie unter
www.bjvvlinks.de/1004
für die gewünschte Personenzahl berechnen und für Ihren Einkauf ausdrucken.